JN288019

事例に学ぶ 建築リスク入門

日本建築学会 編

技報堂出版

はしがき

　私達を取り巻く環境には，色々な「リスク」があります。私達が暮らす住宅を取り上げてみても，地震，台風，火災，シックハウス，防犯等，様々なリスクが頭に浮かんできます。また最近では，リスク・マネジメント，リスク評価，リスク・トランスファー，等といったリスクを用いた複合語が我が国でも頻繁に使われるようになってきました。

　しかし，「リスク」という言葉はイメージできるものの，説明せよと問われると容易ではありません。「リスク」というと，受け入れたくないこと，良くないイメージといったことを思い描きますが，その語源には，海面の下に潜む岩礁【ギリシャ語】，明日への糧【アラビア語】，勇気を持ってやってみる【イタリア語】など様々なものがあり，「リスク」をどのように考え，どのように扱うことが望ましいのか，少し考えてみる必要がありそうです。今までにない新しい言葉であるだけに誤解のないように，使用する場合には注意が必要です。

　本書の目的は『建築』に関連させてこの「リスク」という新しい概念をわかりやすく伝えることにあります。そのために，本書では，「リスク」の基礎概念から応用展開の提示という流れの説明方法よりも，応用から入る，いわゆる，逆の流れの説明方法を採用しています。いろいろな応用事例を紹介し，それらの事例から糸を手繰り寄せてゆけば，リスクを用いるねらい，仕組み，そして，リスクの本質が徐々に浮かび上がってゆくことでしょう。

　「リスク」を分かりやすく説明するのは決して容易ではなく，著者にとって極めて挑戦的なことであります。この書物で分かりにくい箇所があれば全て著者の責任であり，説明の仕方においてさらなる飛躍を目指すために，忌憚のない御意見・

御叱責をいただければ著者一同，幸いです．
　最後になりましたが，この本の刊行に際して，辛抱強く企画の段階からお手伝い頂いた日本建築学会の米澤香織さん，出版に係わる的確な指示を頂きました技報堂出版の石井洋平部長に記して謝意を表したいと思います．

2007年6月

著者一同

執筆者一覧

石川　孝重	日本女子大学家政学部住居学科	(1, 2.2, 4.2)
井戸田秀樹	名古屋工業大学大学院社会工学専攻	(2.4, 4.3, ？と！ その4)
今塚　善勝	株式会社大林組原子力本部技術部	(2.2, 3.5)
大鳥　靖樹	財団法人電力中央研究所地球工学研究所	(3.4, 3.6)
樫村　俊也	株式会社竹中工務店東京本店設計部	(4.5)
日下　彰宏	鹿島建設株式会社技術研究所	(2.2, 2.3, 4.1, ？と！ その1, ？と！ その2)
斎藤　知生	清水建設株式会社技術研究所	(4.7)
高田　毅士	東京大学大学院工学系研究科建築学専攻	(1, 3.3)
高橋　徹	千葉大学大学院工学研究科建築・都市科学専攻	(3.2, 付録A, 付録B)
高橋　雄司	独立行政法人建築研究所	(2.2, 2.5, 4.6, ？と！ その2)
趙　衍剛	名古屋工業大学大学院社会工学専攻	(3.7, 付録A)
平田　京子	日本女子大学家政学部住居学科	(3.1, 4.2)
森　保宏	名古屋大学大学院環境学研究科	(1, 2.1, 3.1, 4.4, ？と！ その3)

(五十音順，（　）内は執筆担当)

目　次

1章　はじめに ——————————————— 1

はじめに ·· 2
  1　リスクとは ·· 2
  2　「確定論」的な安全性の確保の方法 ······································ 3
  3　リスクの視点 ·· 4
  4　リスク評価と確率論の役割 ·· 6
  5　リスクマネジメント ·· 7

2章　リスクで考える ——————————————— 9

2.1　受験戦略と浪人リスク ·· 10
  2.1.1　偏差値：模擬試験の結果 ·· 10
  2.1.2　偏差値：大学の入試難易度 ·· 12
  2.1.3　合格可能性判定 ·· 12
  2.1.4　C君の受験戦略 ·· 14
  2.1.5　合格度指標 ·· 15
2.2　事故・災害リスク ·· 17
  2.2.1　事故・災害の統計と分析 ·· 17
  2.2.2　リスク情報をどう利用するか：リスクの比較による意思決定 ······ 21
2.3　不動産の証券化と地震リスク ·· 25
  2.3.1　PMLと不動産投資 ·· 25
  2.3.2　PMLの意味するところ ·· 26
  2.3.3　PML以外のリスク表現 ·· 27

—vii—

2.4 建設工事と天候リスク ……………………………………………………… 31
  2.4.1 意思決定の結果に応じた損益マトリクス …………………………… 32
  2.4.2 期待利益の算出 ……………………………………………………… 32
  2.4.3 雨の日の多さの影響，工事種別の影響 ……………………………… 35
2.5 保険料とリスク分散 …………………………………………………… 38
  2.5.1 保険の仕組み ………………………………………………………… 38
  2.5.2 大数の法則 …………………………………………………………… 40

3章　リスクをはかる ———————————————————————— 43

3.1 建物の性能を測る ……………………………………………………… 44
  3.1.1 重要度係数と再現期間 ……………………………………………… 45
  3.1.2 性能マトリクス ……………………………………………………… 47
  3.1.3 限界状態超過確率 …………………………………………………… 48
  3.1.4 信頼性指標 …………………………………………………………… 50
3.2 荷重の統計 ……………………………………………………………… 52
  3.2.1 超過確率と再現期間ならびに建物の供用期間の関係 ……………… 53
  3.2.2 確率紙へのプロット例 ……………………………………………… 54
  3.2.3 まとめ ………………………………………………………………… 56
3.3 確率論的地震ハザード ………………………………………………… 58
  3.3.1 我が国の地震発生の状況 …………………………………………… 58
  3.3.2 シナリオ地震による地震動予測地図 ……………………………… 62
  3.3.3 確率論的地震動予測地図（地震ハザードマップ） ………………… 64
3.4 建物の被害率曲線 ……………………………………………………… 68
  3.4.1 被害率曲線 …………………………………………………………… 68
  3.4.2 被害率曲線の利用方法 ……………………………………………… 69
3.5 原子力発電所の地震リスク …………………………………………… 72
  3.5.1 原子力発電所の地震PSA(Probabilistic Safety Assessment) ……… 72
  3.5.2 地震PSAにおける3種類の解析 …………………………………… 74
  3.5.3 地震PSAの実施例 ………………………………………………… 75
3.6 室内環境リスク ………………………………………………………… 78

3.6.1　発症の個人差 ·· 78
　　　3.6.2　発症リスク評価の例示 ·· 79
　　　3.6.3　まとめ ·· 81
　3.7　システムのリスク ·· 82
　　　3.7.1　直列システムと並列システム ·· 82
　　　3.7.2　さまざまなシステム ·· 85

4章　リスクとつきあう ———————————————— 89

　4.1　リスクマネジメントの概要 ·· 90
　　　4.1.1　リスクマネジメントとは ·· 90
　　　4.1.2　リスクコミュニケーション ·· 92
　　　4.1.3　リスク対応 ·· 92
　4.2　リスクコミュニケーション ·· 95
　　　4.2.1　説明性の向上 ·· 95
　　　4.2.2　リスクコミュニケーション ·· 96
　4.3　木造住宅の耐震改修＜事例1 住宅所有者の立場から＞ ························ 100
　　　4.3.1　はじめに ·· 100
　　　4.3.2　まずはPさんの素朴な質問から ·· 100
　　　4.3.3　目標性能水準を決める ·· 102
　4.4　木造住宅の耐震改修＜事例2 行政の立場から＞ ································ 109
　　　4.4.1　補助金政策の現状 ·· 109
　　　4.4.2　地震リスクの現状，耐震改修の効果と耐震化戦略 ···················· 110
　4.5　「不適格建物」の地震リスク評価例 ·· 113
　　　4.5.1　耐震性能と損傷評価のばらつき ·· 113
　　　4.5.2　設計で考慮される地震動の大きさ ·· 115
　　　4.5.3　耐震強度を用いた地震リスク評価例 ···································· 116
　　　4.5.4　設計と実建物の地震リスク格差 ·· 118
　4.6　デリバティブ―リスクファイナンスの一手法として― ······················ 120
　　　4.6.1　天候デリバティブ ·· 120
　　　4.6.2　地震デリバティブ ·· 122

4.7 健全性診断手法を用いた建物のリスクマネジメント ……………… 124
    4.7.1 健全性診断とリスクマネジメント ………………………… 124
    4.7.2 評価の流れ ………………………………………………… 125
    4.7.3 損傷/健全性評価の事例 …………………………………… 126
    4.7.4 なぜ確率論的評価の考え方が必要か ……………………… 128

付録A──確率の基礎知識 ……………………………………………… 131
    A-1 確率の基本概念 …………………………………………… 131
    A-2 確率変数と確率分布 ……………………………………… 133
    A-3 確率分布の特性値 ………………………………………… 134
    A-4 共分散と相関係数 ………………………………………… 135
    A-5 重要な確率分布 …………………………………………… 137
    A-6 極値分布 …………………………………………………… 142

付録B──統計の基礎知識 ……………………………………………… 147
    B-1 サンプリング調査 ………………………………………… 147
    B-2 標本平均と標本分散・不偏分散 ………………………… 147
    B-3 サンプルの信頼性 ………………………………………… 148

1章
はじめに

はじめに

Key Word: リスク / リスク軽減 / リスク評価 / 選択肢 / 意思決定

　一寸先は闇といわれるように、将来を確実に予測することはできません。地震や洪水といった災害や火災、交通事故や転落事故など望ましくないことが起こる可能性はゼロではなく、私たちは、さまざまな「リスク」の中で暮らしています。

　ときどき、「リスクはあるのか無いのか」とか「絶対安全か」といった議論を聞くことがあります。例えば、「原子力発電施設は絶対安全か」とか、「産業廃棄物処理施設での土壌汚染のリスクはゼロか」などという議論です。これに対し、施設を設置する側は、「これこれの対策をしたから安全です」と答えることがありますが、冷静に考えれば、それはおかしな話で、誰も将来のことについて100％の保証はできないのです。

　人は、「安全である」と思ったとたんに安心して考えることをやめてしまい、それ以降、注意を払わなくなってしまいます。しかし、安全とは、待っていると誰かが与えてくれるものではなく、本来、個人の不断の注意と努力によって得られるもののはずです。日常の生活でも皆さんは、交通事故に遭わないよう交差点では信号が青でも左右を見たり、腐ったものを食べないように賞味期限を確認したり、出掛けには鍵をかけたかを何度も確認したりしていると思います。

　1995年の阪神・淡路大震災や、2003年の十勝沖地震、2004年の新潟県中越地震といった地震災害を経験し、また、東京直下地震や東海・東南海・南海地震が近い将来起こりうるといわれているなか、建物の耐震安全性への関心が高まっているようです。しかし、建物の安全性についても「絶対安全は不可能」なのです。これを認めることで初めて、それではどうすればよいのかが考えられるのです。

1 リスクとは

　私たちは、よく、「事故にあうリスク」とか、「ガンを患うリスク」などといいます。あるいは、金融の分野では、投資リスクや為替リスクなどという言葉も最近

よく耳にします。いずれも望ましくない出来事が起こるかもしれないことを指しているのですが，可能性が高ければ，高いリスクといえます。

一方，自動車を運転する際に，シートベルトを着用しないほうが，シートベルトを着用する場合よりもリスクが高いと感じることと思います。これは，いずれの場合も，事故に遭遇する可能性は変わらないのですが，シートベルトを着用しない方が，命を落とす可能性が高くなる，すなわち，被害の程度が，より大きいと予想されるからです。

リスクの定義は，さまざまな学問分野で少しずつ異なっているようですが，以上の例からもわかる通り，リスクとは，ある行動に伴う「望ましくない出来事が起こる可能性と結果(被害の大きさ)の組み合わせ」ということができるでしょう。その表現方法には，FN曲線，リスク曲線，期待値，PMLといったものがあり，目的に応じて使い分けています(2.2節，2.3節参照)。生じる結果が100％分かっている場合はリスクがあるとはいいません。

では，私たちを取り巻くさまざまなリスクに対して，私たちはどのように対応していけばよいのでしょうか。

2 「確定論」的な安全性の確保の方法

ある現象が安全なのか，危険なのかを判断するために，これまでの経験や知見，データを基に，現象を判定し線引きをする方法がしばしば用いられています。これを，「確定論」的手法といいます。例えば，環境汚染物質に対する安全基準に見られるように，ある数値で線引きをし，安全の領域と危険の領域という「明確」な2つの範疇に分けることになります。環境汚染物質にさらされた場合に，ある量まではまったく安全で，その量を越えると急に「危険」となるわけではないのですが(3.6節参照)，基準値が明確ですから，その後のプロセスは，簡単だといえるかもしれません。また，法律のように，白黒をはっきりとつけなければならない場合には，確定論的手法は有効な方法です。

建物の安全性も，これまでは確定論的手法に基づいて説明されてきました。建物の構造設計では，地震や台風などの自然現象を対象としますが，これらはその規模や発生時期が不確かな事象です。データの蓄積が不十分で，きわめて稀に発生する大きな事象の頻度を適切に評価できなかった時代には，過去に起こった最大級の(またはそれに近い)事象を基に判断されてきました。例えば，建築基準法

は建物が保有すべき最低限の性能(基準値)を示していますが，建物の安全性については，1923年の関東大地震における(東京・本郷付近の)揺れ(震度6程度)が建物の建設地点に生じたとしても建物がおおむね安全に建っていることを想定しています。具体的な事象に対して「安全」が確保されるので，一般の人たちにもイメージし，理解しやすいというメリットがあります。

しかしながら，同じ震度6の地震でも，さまざまな揺れ方があり，建物に及ぼす影響は異なります。さらに，建物の実際の強度も，現在の私たちの知識では，残念ながら確実に把握することは不可能なので，構造設計では，モデル化や材料強度，柱や梁の強さを始めとしてさまざまなところで余裕を見込んでいます。したがって，建築基準法の耐震基準を満たしているか否か，すなわち，いわゆる「耐震強度」が1.0を超えているか下回っているかによって，「安全」であるか「安全でないか」を明快に区別できるわけではありません。設計で考慮された震度6を超える震度7の揺れに襲われたからといって，すべての建物が必ず倒壊するというわけではなく，倒壊する建物は一部にとどまります。阪神大震災後の調査によると，現行基準を満たしている鉄筋コンクリート造と鉄骨造の建物は，震度7の揺れに襲われたとき，1％程度が倒壊すると見積もられています。さらにいえば，いわゆる「耐震強度」が1.0未満の建物は，震度6の揺れで必ず倒壊するかというとそういうわけではなく，「耐震強度」が低いほど倒壊の可能性が高くなるのです(4.5節参照)。

現実には不確定な要素がたくさんあり，必ずしも明快に白黒をつけることができるわけではありません。確定論的手法では，基準を満たしているかいないかは明確に判断できますが，どの程度の安全性が達成されたか(安全性の水準)は明確ではありません。したがって，可能性が明示されない確定論的手法では安全性の水準をどうしようかといった議論をすることが難しいのです。

3 リスクの視点

「絶対安全は不可能」ですが，だからといって，私たちを取り巻くさまざまなリスクを，そのまま放っておいてよいというわけではありません。どのリスクもできる限り小さくしたいと考えるのが普通でしょう。しかし，時間とお金と利用可能な技術は限られています。リスクには，あちらを立てればこちらが立たないといった複雑に条件が絡み合ったものもありますし，少しだけリスクを小さくする

のにも，多大な費用を必要とするものもあります。したがって，対応すべきリスクについて，取捨選択をしなければなりません。

　1995年の阪神・淡路大震災以降，古い耐震基準に従って建てられ現行の耐震基準を満足しない，「既存不適格」と呼ばれる建物の改修が社会的に緊急の課題となっています(4.3節，4.4節参照)。しかし，木造一戸建住宅を改修する場合，平均して170万円ほどの費用がかかります。これは，一般の人にとってそう簡単に捻出できる金額ではありません。私たちは地震による被害だけを心配して生きているわけではありません。また，生きていく上で，いろいろな楽しみも必要でしょう。それぞれに幾ばくかのお金がかかり，子育てにもたいへん費用がかかります。一方で，無尽蔵にお金を持っているわけではありませんから，簡単には改修に踏み切ることができないでしょう。

　どのような望ましくないことが，どの程度の可能性で起こるかを考える「リスクの視点」は，このような「意思決定」の際に，とても役に立ちます。リスクを評価することで，リスクの「大小」を比較することができ，また，リスクを低減するためのさまざまな対策の費用と，対策を行った場合の低減効果を評価することで，各対策の「費用対効果」を比較することができます。基本的には，放っておけない大きなリスクや，少しの費用で大きく減らすことのできるリスクに対して，まず，手を打つべきでしょう。

　ところで，大きなリスクはすべて小さくしなければならないかというと，必ずしもそうではないようです。ある行動によって得られるもの，これを便益といいますが，それが大きければ，人はしばしばリスクが大きくてもそちらを選択します。例えば，山や海で人々が遭難するニュースをしばしば耳にしますが，達成後の爽快感がたまらず，人々はリスクを承知で山に登ったり海で遊んだりします。したがって，人は，リスクと便益を秤にかけながら行動するといっても良いでしょう。もちろん，この便益のとらえ方も人それぞれです。楽しければ少しぐらいリスクがあってもよい，そのリスクさえ楽しいことの一部と考える人もいますし，生きていく上でのリスクをできる限り小さくしたいと考える人もいます。

　私たちは，日々の暮らしの中で，その評価が正しいかどうかは別にして，無意識のうちにある行動に伴うリスクを評価し，そこから得られる便益と比較したり，他の行動を選択した場合のリスクと秤にかけたりしているのです。その結果として，取るべき行動が選択されているのですが，これは無意識のうちに「リス

クの視点」に基づく判断をしたことになっています。

このように，「リスクの視点」は，私たちが行動を決定する上で重要な役割を果たしていますが，私たち個々の行動だけでなく，私たちの社会全体に関する問題についても同じことがいえるでしょう。ただし，利害関係者が複雑に絡み合う社会的問題については，さまざまな行動(何もしないことも含めて)に伴うリスクと便益について，より客観的に評価し，適切に情報を公表するとともに，利害関係者間の相互理解を図って，取るべき行動を選択していくことが重要となるでしょう。

4 リスク評価と確率論の役割

客観的かつ合理的な判断には，定量的かつ科学的なリスク評価が必要となります。過去の事故統計はあくまでも過去の事実であり，リスク評価とは呼びません。リスク評価は，将来の事象，未知の現象を予測することに他なりません。リスク評価では，収集可能なデータの統計的評価に基づいて予測モデルを構築します。統計的評価のみでモデルを構築するに足る十分な過去の災害事例が存在しない場合には，演繹的に結果を積み上げていきますが，いずれの場合も不確かさを伴います。そこで，これらの不確かさを定量的に取り扱う手法として確率論が導入されるのです。

リスクの大きさは起こる可能性と被害の程度の組み合わせで表されますが，まず確率論を用いることによって事象が起こる可能性を定量的に明示できます。次に，事象が発生した場合の損害の大きさを別途評価することで，リスクを定量的に評価することができるのです。このように，確率論はリスク評価において重要な役割を担っています。

ルイス(1997)[1]は，いろいろなリスクを以下のように分類しています。
① 被害が身近にあり経験も多く，その損害の程度や生起確率については十分な知識があるようなリスク。例えば，火災や交通事故。
② 生起確率はきわめて低いものの，いつかは起こることがわかっており，しかもその場合の被害が甚大であることが予想されるようなリスク。例えば，巨大地震や隕石の衝突。
③ ②と類似しているが，これまで起こったことがなく，予想される被害はさらに甚大であるようなリスク。例えば，核戦争や壊滅的な地球規模汚染。

④　影響は確かに存在するが，その影響の程度が他の影響の中に隠れて見えなくなる程度であり，したがってその効果の計算が困難であるようなリスク。
例えば，化学物質や低量の放射線による影響。

上記の分類において，①以外は過去の統計データや経験が十分存在しておらず，演繹的なモデルに基づきリスクを評価することになります。

リスクを定量的に評価することができれば，さまざまなリスクを横ならびにして，客観性をもって災害の程度を比較することが可能となります。どの災害に対してどの程度の対策を講じるべきかといった意思決定の際に，リスク評価結果は合理的な根拠となり得ます。これがリスク評価の最大の利点であり，この利点を活用することが最も重要なのです。

なお，リスク評価結果に基づいた意思決定はきわめて透明性や説明性が高いことは，特記すべきでしょう。社会においても，意思決定，政策決定をより透明性のあるものにしていくことが，現在，最も望まれているところです。また，リスク評価は科学的な分析ですから，結果や解釈に異論がある場合には，純粋に科学の視点で議論をすることが可能です。感情的な議論は差し控えるべきであり，客観的に冷静に物事を判断すべき性質のものなのです。

現在は，地震や台風といった自然現象に関するデータの蓄積も進み，統計・解析処理（3.2節参照）や演繹的な解析が迅速にできる時代となりました。より多くのデータを用いることで，予測モデルの精度も高くなります。「過去の最大級の事象」という，データセット中のただ1点に基づく判断よりも，利用可能なすべてのデータを用いた予測モデルに基づく判断のほうがより合理的ではないでしょうか。

5　リスクマネジメント

このように，さまざまなリスクを定量的に評価しながら，リスクと上手く付き合うことをリスクマネジメント（4章）といい，私たちが安心して暮らすための道しるべといえます。リスクと上手く付き合うためには，既存の概念にとらわれず，新たな選択肢を見つけ出し，これを評価・検討することも重要です。

「リスク」の語源の1つと考えられているイタリア語の「risicare」の意味は「勇気を持って試みる」ということで，必ずしも否定的な意味を持つわけではありません。「運命」というより「選択」を意味するようです[2]。最近では，安心・安全を支

える科学技術に一層力を注ごうという政府の方針が出されています。しかし，科学技術は万能ではなく，また，新しい技術には，未知の新しいリスクがつきものです。いずれにせよ，絶対安全は達成不可能なのです。その中で，少しでもリスクを小さくしながら安心して暮らしていくためには，私たち一人ひとりの努力＝適切な選択が必要です。安全は，待っていると誰かが与えてくれるものではありません。

　本書が，皆さんがより良い選択をしながらリスクと上手く付き合っていくための手助けとなれば幸いです。

参考文献
1) H.W.ルイス(宮永一郎 訳), 科学技術のリスク, 昭和堂(1997)
2) ピーター・バーンスタイン(青山護 訳), リスク―神々への反逆, 日本経済新聞社(1998)

2章
リスクで考える

私たちは，さまざまな「リスク」の中で暮らしています。そして，ある行動に伴うリスクを，そこから得られる便益や，他の行動に伴うリスクとを無意識のうちに秤にかけています。この章では，私たちが，行動を選択する際に，リスクで考えている身の回りの事例を示すとともに，企業活動などにおけるリスクの事例を通してリスクに関する基本的な概念について解説しています。

2.1 受験戦略と浪人リスク

Key Word: 正規変数　平均値　標準偏差　偏差値　戦略

　読者の皆さんは，受験生時代（あるいはこれから）に，どこの大学を受験しようか，いろいろと悩んだことと思います。M大学一筋で，他の大学には行きたくないと，M大学だけ受験した人もいるでしょうが，多くの人は，浪人しなくても済むよう，複数の大学を受験したことと思います。多くの大学を受験するほど，少なくとも一つの大学に合格する可能性は，一般に高くなりますが，あまり多く受験すると，受験料がかさみ，また，過密スケジュールとなって疲れてしまい，実力が発揮できません。数をある程度絞り込まなければなりませんが，その是非はともかく，入りやすい大学と入りにくい大学がありますので，闇雲に絞り込んでも，なかなか効果は上がりません。自分の希望する大学を踏まえながらも，一方で「浪人リスク」を考えながら，「適切」な組み合わせを考えなければなりません。そのとき，皆さんがお世話になったのが，「偏差値」のはずです。「自分の偏差値」と「大学の偏差値」とを比較しながら，受験する大学の組み合わせを決めたことと思います。これは，「浪人リスク」に対するリスクマネジメントに他なりません。

　ところで皆さんは，この偏差値の意味する本当のところをご存知でしょうか。模擬試験での偏差値に一喜一憂したことと思います。偏差値が55程度だとまあまあ，60を超えると結構良い成績，70を超えたら大ハッピー，80を超える人なんていても学年に1人いるかいないかの他人事と思っていた程度の認識だったのではないでしょうか。もしそうだとしたら，皆さんの人生を左右しかねない「相手」の本質を知らなかったことになり，なんともお粗末なことです。この節では，偏差値に基づいて，いかに受験戦略を立てていくかを解説しましょう。

2.1.1 偏差値：模擬試験の結果

　「自分の偏差値」は，どのように計算されるのでしょうか。まず，模擬試験に

おける受験者全員の得点から，その平均値 m と標準偏差 s（付録 A 参照）を計算します。そして，ある得点（素点）y の偏差値 x は，以下の式を用いて計算します。

$$x = \frac{y-m}{s} \cdot 10 + 50 \tag{1}$$

(1)式から明らかなように，素点が平均値と同じならば，$(y-m)=0$ となり，その素点の偏差値は 50 となります。そして，平均値からの隔たりの程度を，標準偏差の何倍かという尺度で測り，1倍ならば 10，2倍ならば 20，そして n 倍ならば $n \times 10$ を，素点が平均値よりも高い場合は足す，低い場合は引くわけです。例えば，100点満点の試験で平均値が 65 点，標準偏差が 15 点としたとき，素点が 65 点ならば偏差値は 50，素点が 80 点ならば 60，95 点ならば 70，また，50 点ならばその偏差値は 40 となります。したがって，平均値と標準偏差の組み合わせによっては，偏差値が 100 を超えることもあり得ます。

　もし，全員の素点が正規分布（付録 A 参照）に従うならば，全体の 68.26％が平均値 ± 標準偏差の範囲に，95.45％が平均値 ± 2 × 標準偏差に，そして，99.73％が平均値 ± 3 × 標準偏差の範囲に存在することになります（**図-2.1.1** 参照）。正規分布は左右対称の分布ですから，偏差値が 50 の素点はちょうど真ん中，60 の素点は上位から 15.9％，70 は 2.3％，80 は 0.13％の位置にあることになります。

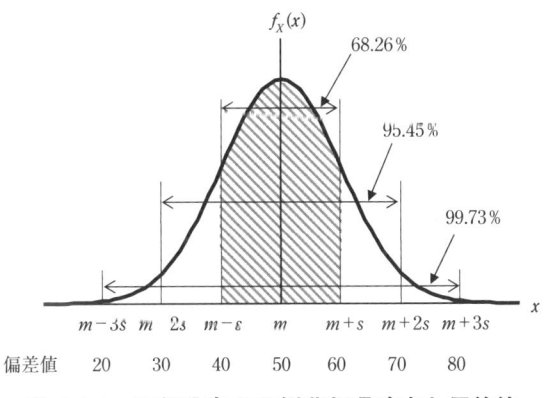

図-2.1.1　正規分布の両側非超過確率と偏差値

実際には，模擬試験の素点は，正規分布に従わない場合も多いのですが，偏差値から，全体の中でのおよそ上位何パーセントの位置にいるのかといったことを読み取ることができるのです。皆さんの経験でも，1学年400人ならば，学内の模擬試験で偏差値が70以上の人は10人前後，80以上の人はいてもせいぜい1人か2人だったのではないでしょうか。

　では，素点だけで，成績を判断することにはどのような不都合があるのでしょうか。模擬試験の問題の難易度は毎回異なりますので，たとえ100点満点で70点を取ったとしても，平均点以下のこともあれば，30点でも平均点以上のこともあり得ます。また，平均値が50点として，ほとんどの人が50点前後の点数を取っていた場合（標準偏差が小さい）と，大きくばらついていた場合（標準偏差が大きい）とでは，90点の価値（珍しさ）も異なり，前者の場合の90点のほうが，より優れているといえるでしょう。このように，素点だけでは良い点を取ったのか，あるいは全体の中でどの位置にあるのかといったことはわかりませんが，偏差値を用いることで，皆さんが模擬試験の結果がどの程度良かったのか（あるいは悪かったのか）を，試験問題の難易度や成績のばらつきの度合いに左右されずに測ることができるのです。

2.1.2　偏差値：大学の入試難易度

　模擬試験でよい成績を得たとしても，もちろんのことですが，それが直接，希望の大学の合格につながるわけではありません。その理由の一つに，入りやすい大学と入りにくい大学があるからです。この入試難易度を示す偏差値（以下単に，入試難易度といいます）がどのように定められるかは，作成する「組織」によって，まちまちのようです。基本的には，前年度の模擬試験の受験者を対象に各大学のこれも前年度に行われた入試の合否についての追跡調査を行って，これに基づいて，合格者だけの偏差値の平均値で評価したり，あるいは，合格率が50％程度となる偏差値で評価したりしているようです。後者の場合では，例えば，偏差値55の人が10人受験して5人合格した場合には，入試難易度は55となります。

2.1.3　合格可能性判定

　上記の説明でも，また，これまでの経験からおわかりの通り，模擬試験の偏差

値が 55 であったとしても，入試難易度（偏差値）55 の大学に，100％合格するわけではありません。それは，模擬試験の結果である偏差値は，あくまでも一つの模擬試験における「過去の実績」であり，「未来の出来事」である入学試験における実際の成績（「真の偏差値」）とは異なるからです。また，模擬試験の結果も試験ごとに良かったり悪かったりで，必ずしも一定の値ではありませんし，さらに，「最後の追い込み」は反映されていません。一方，入試難易度もまた，「過去の実績」に基づいているものであり，当該年度のいわゆるボーダーラインとなる「真の難易度」は，その年の受験者層や問題の傾向によっても異なります。そして，実際の入試においては，「真の偏差値」が「真の難易度」を上回ったとき合格となるのです。なお，実際の入試では，成績を偏差値に「換算」してはいないと思いますが，最初に述べたとおり素点と偏差値とは 1 対 1 に対応しますので，ここでは，偏差値を用いて話を進めます。

　偏差値や入試難易度は，このように過去の実績に基づく指標であり，未来を100％保証するものではありません。しかし，未来を予測して，適切な戦略を立てるための重要な情報の一つとなります。それが，合格可能性，すなわち，ある大学を受験した場合に合格する確率なのです。

　ここで，簡単なシミュレーションをしてみましょう。

　N 大学の難易度が 55 であったとします。しかし，今年度の入試は未来のことですから，「真の難易度」は確実に 55 であるとはいえません。過去の経験から，「真の難易度」は，正規分布に従い，標準偏差は 1.5 であるとします。

　いま，A 君，B 君，C 君の 3 人が N 大学の受験を考えています。過去の模擬試験の結果から 3 人の「真の偏差値」は正規分布に従い，平均値はそれぞれ 56.5，58，52，標準偏差はそれぞれ 1.5，4.0，4.0 であるとします。A 君の過去の模擬試験の結果はほぼ安定していますが，B 君と C 君はむらっけがあって成績のばらつきは大きいようです。

　「真の偏差値」X が「真の難易度」Z を上回れば合格ですから，合格の可能性は次式で表されます。

$$P[合格] = P[X - Z \geq 0] \tag{2}$$

ここに，$P[A]$ は A という事象が起こる確率を表わします（付録 A 参照）。

　いま，$M = X - Z$ とします。$M \geq 0$ が合格，$M < 0$ が不合格，$M = 0$ がボー

ダーラインとなります。M は当然ながら確率変数で，その分布から合格の可能性を判断できますので，ここでは M を合格余裕度と呼ぶことにします。正規確率変数の和や差は正規確率変数になります（付録 A 参照）から M は正規確率変数です。また，X と Z が互いに統計的に独立ならば M の平均値 μ_M および標準偏差 σ_M は次式で表されます。

$$\mu_M = \mu_X - \mu_Z$$
$$\sigma_M = \sqrt{\sigma_X^2 + \sigma_Z^2} \tag{3}$$

したがって，A 君，B 君，C 君の合格余裕度の平均値は，それぞれ 1.5，3.0，−3.0，標準偏差はそれぞれ 2.1，4.3，4.3 となります。平均値と標準偏差がわかれば，その正規確率変数が 0 を上回る確率は簡単に計算できて（付録 A 参照），A 君，B 君，C 君の合格確率は，それぞれ，76 ％，76 ％，24 ％となります。

B 君は A 君よりも平均的な成績は良いのですが，むらっけが災いをして，合格確率は A 君とほぼ同じです。C 君の平均偏差値は入試難易度よりもずいぶんと低いのですが，時に大化けすることもあるので，合格可能性は 24 ％とまあまあの値となっています。

実際には，各「組織」は，それぞれが蓄積したデータを元に大学ごとに異なるこれらのパラメータを設定し，合格の可能性を判定しています。なお，各「組織」は，個々の受験生の成績がどの程度ばらつくかは考慮に入れていないので，たまに大化けをしてとても良い成績を取るような C 君を上手く評価することは難しいでしょう。

2.1.4 C 君の受験戦略

C 君が希望の N 大学に合格する可能性は 24 ％ですから，浪人を避けるためには，他の大学も受験することが賢明です。C 君は，N 大学の他，**表-2.1.1** に示す 4 つの大学ならば，行ってもよいなと思っているとします。ただし，最初にあげた理由から，N 大学を含め 3 つの大学しか受験したくありません。皆さんならば，どの組み合わせを勧めますか。なお，いずれの大学の「真の入試難易度」も正規分布に従い，平均値は表中の値，標準偏差は 1.0 とします。また，C 君は，さっぱりした性格で，ある入学試験の結果は，次の入学試験の出来具合にまったく関係ない（統計的に独立）とします。C 君の各大学への合格確率も表に示して

表-2.1.1　C君の志望大学への合格確率

大学	入試難易度	合格確率	大学	入試難易度	合格確率
O	55	24%	Q	51	60%
P	54	32%	R	47	88%

あります。3つの大学を受験したときに，少なくとも一つの大学に合格できる確率は以下のようにして計算できます。

$$\begin{aligned}&P[少なくとも1つの大学に合格]\\&=1-P[すべての大学に不合格]\\&=1-P[最初に受験した大学に不合格]\\&\quad\times P[2番目に受験した大学に不合格]\\&\quad\times P[3番目に受験した大学に不合格]\end{aligned} \quad (4)$$

可能な組み合わせおよび，それぞれの戦略に伴う「浪人リスク」は**表-2.1.2**に示す通りです。

表-2.1.2　各戦略に伴う浪人リスク

戦略	浪人リスク	戦略	浪人リスク
N, O, P	39%	N, P, Q	21%
N, O, Q	23%	N, P, R	6%
N, O, R	7%	N, Q, R	4%

同程度の難易度の大学（N，O，P）でも3つ受験することにより，浪人リスクは76％から39％へと半減しています。難易度の低い大学を組み合わせることで，浪人リスクはさらに低減されますが，C君の満足度とを秤にかけることになるでしょう。

2.1.5 合格度指標

ところで，最初に，模擬試験での素点が平均値から標準偏差の何倍のところにあるかということを示せば，間接的に上位何パーセントの位置にいるかを示すことができるということ述べました。合格余裕度についても，ボーダーラインである$M=0$がMの平均値からどれほど隔たっているかを示せばよいことがわかり

ます（**図-2.1.2** 参照）。これを「合格度指標 β」と呼ぶことにすると，β は次式で表されます。

$$\beta = \frac{\mu_M}{\sigma_M} \tag{5}$$

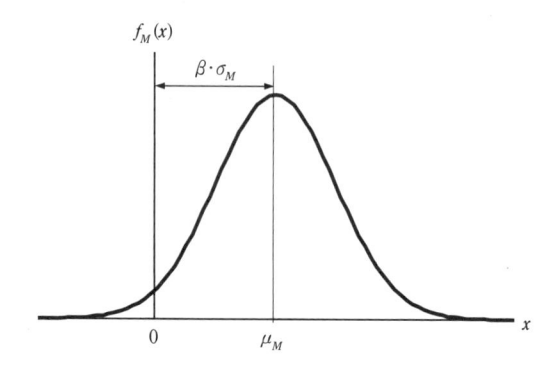

図-2.1.2 合格余裕度の確率分布と合格度指標

例えば，N 大学を受験する A 君，B 君，C 君の合格度指標 β は，それぞれ 0.71，0.70，−0.70 となります。

合格確率は，一般に 10％から 90％の間の値で表現されていますが，これに対応する「合格度指標」は，−1.3 から 1.3 程度となり，かえってわかりづらい指標なので，実際には使われていません。しかし，「3.1 節 建物の性能を測る」のところで触れる「信頼性指標」の説明のために，似た概念として，ここで触れておきます。合格度指標と合格の可能性（確率）は，次式で関係付けられます。

$$\beta = \Phi^{-1}\bigl(P[合格]\bigr) \tag{6}$$

ここに，$\Phi^{-1}(x)$ は，標準正規累積分布関数 $\Phi(x)$（付録 A 参照）の逆関数です。

2.2 事故・災害リスク

Key Word　事故・災害統計　リスクの比較

　我々は地震や台風などの自然災害，交通事故，病気などのさまざまなリスクにさらされて日々の生活を送っています。このことは，自分が認識しているかどうかにかかわらず，避けて通ることのできない事実です。したがって，これらのリスクとうまく付き合って暮らしていくために，リスクについてもっと良く知っておく必要があるでしょう。そのためには過去の経験を学び，得られた知識に基づいて将来を予測することが大切です。

　ここでは事故・災害に関する統計・分析の話や，リスク情報の利用方法について，身の回りのさまざまな事例に基づき紹介します。

2.2.1 事故・災害の統計と分析

　データの収集は地道な作業で時間やお金がかかりますが，データはリスク分析の最も大切な基礎資料となることから，災害に対する安全管理の分野ではさまざまなデータが収集されています。また，収集されたデータは，整理され，わかりやすく表現されて，初めてその価値が発揮されます。ここでは，収集されたデータのいくつかの実例を紹介します。

(1)　FN曲線による事故分析

　災害・事故統計の分析では，しばしばFN曲線というものが用いられます。FN曲線とは，横軸に災害の大きさ（災害強度）として死者数（N：number of fatalities），縦軸にそれ以上の災害強度の災害が起こる頻度（F：frequency）をとって，災害規模と発生頻度の関係を示したものです。似たような曲線にリスク曲線（リスクカーブ，2.4節参照）や被害規模特性曲線（リスクプロフィール）と呼ばれるものもありますが，災害規模の表現などに細かい違いはみられるものの，災害規模と発生頻度の関係を示すものとして意味するところはどれも同じです。

FN曲線の例として，旅客船事故における災害種別ごとのFN曲線を図-2.2.1に示します。この図から，旅客船事故における大きな災害の多くは浸水被害によってもたらされていることがわかります。また，図-2.2.2は鉄道事故について1945年から2005年と1975年から2005年の2つの年代でFN曲線を描いたものですが，すべての災害規模において1975年以後の鉄道事故発生件数はそれ以前に比べて減少したことがこの図から読み取れます。

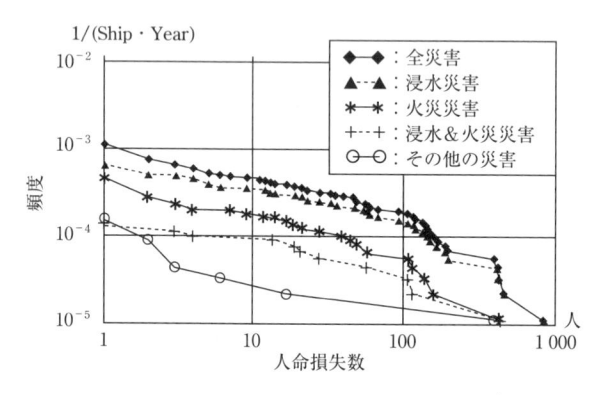

図-2.2.1　旅客船事故のFN曲線[1)]

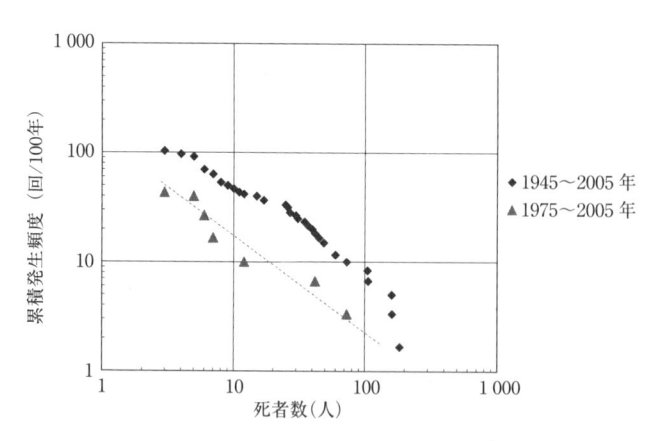

図-2.2.2　鉄道事故のFN曲線[2)]

（2） 家の中に潜む危険

次にもう少し身近な例として，不慮の事故に関する死亡統計の例を取り上げます。**図-2.2.3** は厚生労働省が実施している人口動態調査[3]に基づき，我が国における不慮の事故による死亡率（人口10万人あたりの死者数で表現）の推移を示したものです。一般に不慮の事故というと交通事故を思い浮かべる人が多いと思われますが，**図-2.2.3**を見てわかる通り，交通事故による死亡率は年々減少しており，いまでは交通事故よりも家庭内での事故で亡くなる方の方が多くなっています。もちろん，道路を歩くことと家にいることのどちらが危険であるかを議論するためには，日本人全体が道路上と家庭内のどちらで過ごす時間が長いのかを考慮しなければなりません。それでも，2004年に転倒や異物誤飲等の家庭内事故による死亡率は10万人あたり年間約9人で，交通事故と同程度ですから，「家にいるのが一番安全」という一見あたり前に思われるようなことも，意外にあたり前とは言い切れないことに気づかされます。

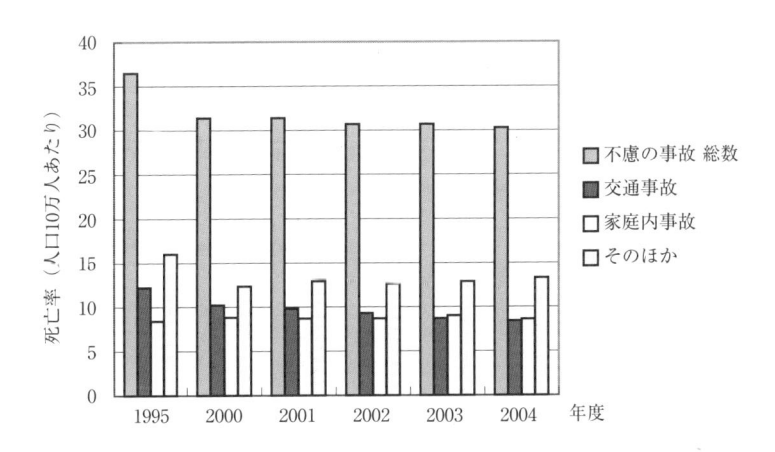

図-2.2.3 不慮の事故による死亡率の変遷（文献3）をもとに作成）

東京都では救急車の利用に関するデータをとり分析を行っていますが，その一例として平成15年度に東京都で発生した事故のうち，受傷形態別（負傷した理由別）に受傷程度による搬送人数を比較したものを**図-2.2.4**に示します。この図では縦軸が対数軸になっていることに注意してください。**図-2.2.4**は横軸が**図-2.2.1**や**図-2.2.2**のように数値で表されていないのでFN曲線とはいえませんが，

事故が起きた時の被害の深刻さを表すことには変わりませんので，FN曲線と同じような解釈をすることができます。例えば，「転倒」は頻繁に起こる事故ですが，重篤や死亡といった重大な状況に至ることは比較的少なく，逆に「溺水」は搬送人数がけっして多くはないものの，重篤や死亡といったケースに至る比率が多いことがわかります。

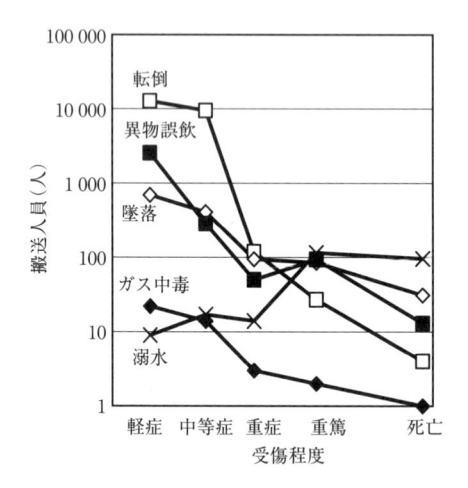

図-2.2.4　受傷形態による救急車の搬送人数と受傷程度の関係（文献4）をもとに作成）

(3)　犯罪頻発地区の予測

事故・災害統計事例の最後に，空間的な発生頻度に関する分析事例として，警視庁の犯罪発生マップを紹介します。犯罪は種類，手口や発生時間などによって，とくに集中する地点（「ホットスポット」と呼ばれています）があることが知られており，こうした情報は効率的な防犯施策の実施に活かされています。

ホットスポットは，犯罪データを地図上にプロットすることで得られますが，単に犯罪発生地点をプロットしていくだけでは，データが増えると「点」が重なり合ってわかりにくくなりますし，犯罪発生地点の集中度合いを定量的に比較することもできません。そこで，現在では単位面積あたりの犯罪の「発生密度」を計算し，その結果を色分け表示したり，天気図の等圧線図のように表現することが行われています[5]。警視庁では防犯情報として役立てることを狙いとして，**図-2.2.5**に示すような犯罪発生マップを作成しインターネットで公開[6]しています。

このようにリスク情報を地図上に表現したものをハザードマップといいますが，この他によく知られたハザードマップとして地震ハザードマップ（3.3節参照）や洪水ハザードマップなどがあります。

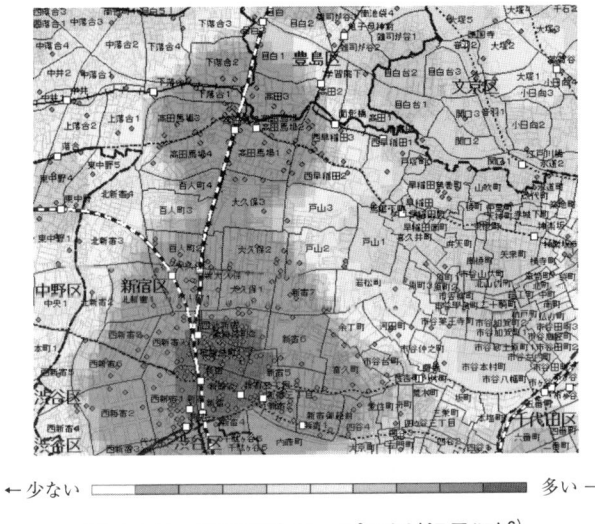

←少ない　　　　　　　　　　　　　　　　　　　多い→
図-2.2.5　犯罪発生マップの例（粗暴犯）[6]

2.2.2 リスク情報をどう利用するか：リスクの比較による意思決定

　身の回りのさまざまな事象がリスクとして認識され，分析された結果がリスク情報として提供されていることを説明してきましたが，これらの情報をどのように利用したら良いのでしょうか。最も基本的な利用方法として，リスク情報を意思決定のために利用することが考えられます。とくにリスクの比較に基づく選択は，気がつかないうちに日常のさまざまな場面でも行われています。目の前にある選択肢からどれか一つを選ばなければならないとき，それぞれの選択肢に対するリスクが意思決定上の重要な情報となっています。建築設計においても，考慮する荷重の大きさを決定する場合にリスクの比較が行われることがあります。一般に大きな荷重を想定して設計すれば安全性が高くなりますが，建設コストも高くなりますので，安全性と経済性のバランスを考えながら設計に用いる荷重の大きさを決定することになります。このとき，検討対象として考えた複数の荷重の大きさに対して，それぞれの荷重の大きさで設計した場合のリスク（若しくは便

益）が定量的評価の有無にかかわらず何らかの形で評価され（3.1節参照），最終的な判断の一助となります。

　リスクの比較については，もう一つ別の使い方があります。評価対象としているリスクの値が感覚的に理解しにくいとき，身近な他のリスクの値と比較することによって理解しやすくなることがあります。例えば，あなたの家の近くに原子力発電所が建設されることになったとします。原子力発電所で万一事故が起きた場合，あなたは放射線の影響を受けるのではないかと漠然とした不安を感じることでしょう。このような不安に対して，例えば「原子力発電所の事故で周辺の住民1人が死亡するリスクは，年あたり100万分の1以下の確率です」と説明されても，このリスクがどの程度危険なものなのかがよく理解できないのではないかと思います。これを，普段の生活で馴染みのある交通事故や火災で死亡するリスクと比較して非常に小さいものであると説明されれば，原子力発電所の近くに住むことがどの程度の危険を伴うものであるかが理解しやすくなると思います。

　リスクの比較の例として，ウィルソンによる死亡リスクの比較例[7]を**表-2.2.1**に示します。この表では統計データや理論モデルに基づくさまざまな日常的活動に対するリスクが示されており，リスクの大小を比較することで喫煙，飲酒，旅行などの日常的活動に潜む危険性を理解することができます。また，政府の地震調査研究推進本部からは，「全国を概観した地震動予測地図」報告書[8]が公表されていますが，そこには任意の震度以上の揺れの強さに見舞われる確率（地震動の発生確率）を理解するための参考として，**図-2.2.6**に示す他の災害や事故・犯罪の年発生確率との比較図が掲載されています。地震動予測地図で「高い・やや高い」と評価された地震動の発生確率を他の災害や事故・犯罪の発生確率と比較することにより，地震動の発生確率の「高い・やや高い」がどの程度のレベルにあるのかが理解しやすくなっています。例えば，地震動予測地図で「やや高い」と評価された地震動の発生確率は大雨や台風で罹災する確率にほぼ相当し，空き巣狙いに遭う確率より小さく，ひったくりやスリに遭う程度の確率であることがわかります。

2.2.2 リスク情報をどう利用するか：リスクの比較による意思決定

表-2.2.1 死亡確率を100万分の1増加させるリスクの例

活　　動	死亡原因
タバコ1.4本分の喫煙	ガン，心臓病
ワインを0.5リットル飲む	肝硬変
自転車で10マイル旅行する	事故
自動車で300マイル旅行する	事故
ジェット機で1 000マイル飛行する	事故
ジェット機で6 000マイル飛行する	宇宙放射線によるガン
病院で胸部レントゲンを1回撮影する	放射線によるガン
ピーナッツバターを小さじ40杯食べる	カビ毒素による肝臓ガン
炭焼きステーキを100枚食べる	ベンゾピレン（発ガン性物質）によるガン
石造/組積造の家に2ヵ月間住む	自然放射線によるガン
喫煙者と2ヵ月間一緒に住む	ガン，心臓病
原子力発電所から5マイル以内の距離に50年間住む	放射線によるガン
原子力発電所から20マイル以内の距離に150年間住む	放射線によるガン

文献7）に基づいて作成

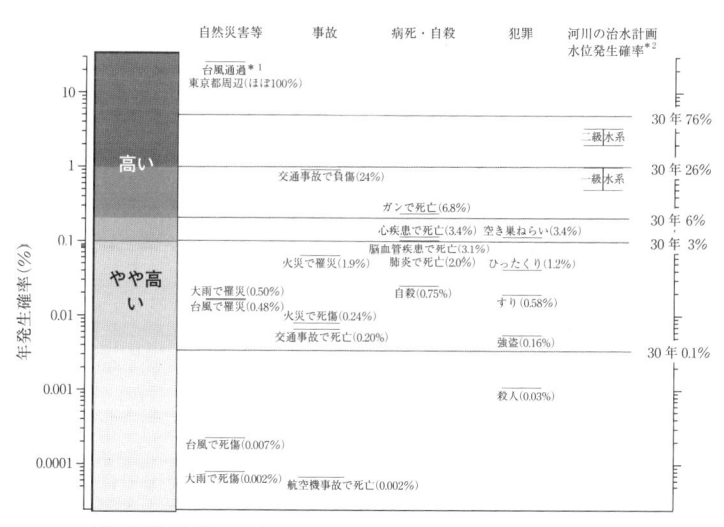

*1 台風が都道府県庁所在地から半径30km以内を通過する確率．
*2 堤防の設計・整備等の基準となる水位（計画高水位）を設定するために想定する降水量の発生確率．なお，これは数十〜数百年の降水量に耐えられるよう設定されたものであることから比較することに意味が無いため，30年確率は記載していない．
注）左端バーチャートが地震動予測地図における地震動の発生確率の評価．図中の各数値の算定根拠は原報告書を参照．

図-2.2.6　年発生確率の比較（括弧内は30年発生確率）[8]

— 23 —

参考文献

1) 日本財団図書館ウェブサイト：船舶関係諸基準に関する調査研究，第42基準研究部会「船舶の確率論的安全評価方法に関する調査研究」成果報告書，http://nippon.zaidan.info/seikabutsu/1999/00898/contents/012.htm（2006.5）
2) 三菱総合研究所ウェブサイト：安全政策ウイークリーコラム「身近なリスクをデータを用いて理解する―その3―鉄道事故」，http://safety.mri.co.jp/SSUHP/old_data/colum/vol081.html（2005.4）
3) 厚生労働省：人口動態調査1C上巻　死亡　第5.30表　不慮の事故の種類別にみた年次別死亡数及び率（対人口10万）を元に作成（2004）
4) 救急部救急管理課（東京都）：家庭内における不慮の救急事故 ［平成15年中］，分析資料No.2 （2004.7）
5) 科学警察研究所ウェブサイト：地理情報システム（GIS）を応用した身近な犯罪の効果的防止手法に関する研究，http://www.nrips.go.jp/org/behavioral/prevention/index.html
6) 警視庁ウェブサイト：犯罪発生マップ，http://www.keishicho.metro.tokyo.jp/toukei/yokushi/yoku_av.htm
7) R.Wilson, Analyzing the risks of daily life, Technology Review 81/4（1979）
8) 地震調査研究推進本部「全国を概観した地震動予測地図」報告書（2006.9）

？と！ その1

ハインリッヒの法則

　労働安全の場でしばしば聞かれる言葉に「ハインリッヒの法則」があります。これは，1930年代に保険会社に勤務していたアメリカの安全技師ハインリッヒが労働災害事例を統計分析するうちに発見した法則で，「1件の重大災害の背景には29件の軽微な災害と，300件の無傷の災害がある」というものです。

　この比率が正しいかどうかはさておき，重要なことは，死亡事故などの重大な災害が起きる状態では，いくつかの軽微な災害や多数の俗にいうヒヤリ・ハット（ヒヤッとした，あるいはハッとした「無傷の災害」），さらには，「災害」と認識されない数多くの「不安全行動や不安全な状態」（気付かない，あるいは無視されたもの）が起きているはずだということです。

　そこで，現代における工場や建設現場での労働安全管理では，稀にしか起こらない重大災害を未然に防ぐために，比較的頻繁に起こる些細な災害を捕捉して，危険の芽を小さいうちに摘むことが基本的な考え方のひとつとなっています。

2.3 不動産の証券化と地震リスク

Key Word: リスク表現　ＰＭＬ　リスク曲線

　建築にかかわる地震リスクの大きさを示す指標としてPML（Probable Maximum Loss，予想最大損失）という言葉を見聞きすることがあります。ここでは，PMLが広く使われるようになった背景である不動産の証券化とリスク表現のひとつであるPMLについて説明しましょう。

2.3.1　PMLと不動産投資

　PMLとは，ひとことで表現すれば「災害により発生するかもしれない最悪の損失」のことです。もう少し詳しく述べますと，災害による損失には，お金だけでなく人命や時間の損失がありますし，災害も地震のほかに，火災や事故，犯罪などさまざまなものを考えることができますが，2007年現在，我が国で用いられるPMLは地震被害を対象とし，損失も「建物や建物に附帯する設備の被害を元通りに修復するためにかかる費用」を対象とすることがほとんどです。また，損失は金額そのものではなく，現時点でその建物を最初から建設しなおすのに必要な費用（再調達価格）の何％に対応するかを用いて示されます。例えば，Aビルの地震リスクが再調達価格の15％に相当する場合，Aビルの地震リスクはPML15％というように表現します。

　PMLの利用法としては，もちろん，建物の所有者や管理者が，地震保険の購入や耐震補強など，いわゆる地震リスク低減対策の判断材料とすることもありますが，今のところ不動産投資の際に実施されるデュー・デリジェンス（Due Diligence）における地震リスクを表す数値に最も多く用いられています。

　デュー・デリジェンスとは，投資用不動産の取引や証券投資，企業による他社の吸収合併（M&A）などに際して，投資先の価値を判断するため事前に行う詳細調査を指す言葉で，不動産投資の場合，調査は，① 経済的側面，② 物理的側面，③ 法的側面という3つの観点から実施されます。不動産投資でデュー・デリ

ジェンスが実施されるようになった背景には，不動産の証券化（？と！その2参照）が広く行われるようになったことがあげられます。もし投資対象の建物に地震の被害があれば収入減・支出増となりますから，地震に対する危険性は重要な投資情報であり，地震PMLは，② 物理的側面のひとつである耐震性を表す指標として，技術的観点から作成される調査資料（エンジニアリングレポート）に記載されます。なお，PMLは必ずしもいくつ以下でなければならないというものではありません。地震リスクの大小の目安となる値も時代や社会情勢によって変化しますが，2007年時点の日本の不動産投資では，PML15％前後を境に地震対策の採否を考えることが多いようです。ただし，これも絶対的なものではなく，それぞれ個別の状況により柔軟に判断されています。

2.3.2 PMLの意味するところ

ところで，もともとPMLは地震を対象にしたリスク指標ではありません。歴史的には米国の損害保険の分野で用いられていた概念で，初期の損害保険事業が火災保険を中心としていたこともあり，むしろ火災や爆発などの大災害が対象とされることが多かったようです。地震に対するPMLも，最初は地震保険契約に利用するために採用されたようですが，このころは前述のように投資案件に対する適用へと利用範囲が広がっています。

さて，ここでPMLの具体的な内容について考えます。まず，PMLで示される「予想される最大」が具体的に何を指しているのか明確にする必要があります。これを明確にせずに，ある評価者は兵庫県南部地震を想定して評価したが，べつの評価者は未曽有の大震災を想定して評価した，とそれぞれが勝手な想定で最大の損失を予想してしまうと，相互に値を比較することができず，指標として機能しなくなってしまうからです。また，どちらも同じように兵庫県南部地震を想定したから大丈夫という訳にもいきません。なぜなら，強い揺れが起きる可能性は立地によって異なるので，リスクを評価するには，建物の絶対的な強さだけではなく，強い揺れの起きやすさが考慮されていなくてはならないからです。そこで，現在のPMLでは，確率を用いて「予想される最大」を定義することで，利用者が共通の認識を持てるようにしています。

2007年現在，日本の建設・不動産業界では，建築・設備維持保全推進協会（BELCA）によるPMLの定義が比較的多く用いられています。そこでは，エン

ジニアリングレポートに地震リスクとして記載されるPMLを「対象施設あるいは設備群に対して最大の損失をもたらす再現期間（3.1節？と！その3参照）475年相当の地震が発生し，その場合の90％非超過確率に相当する物的損失額の再調達価格に対する割合」としています。この場合，まず，地震の揺れとして対象の立地における再現期間475年の強さの揺れを考えます（3.3節参照）。さらに，地震動の性質，建物に用いる材料強度や施工のばらつき，さらには評価精度そのものにもばらつきがありますので，これらを考え合わせて90％の確率で超えない損失，つまり運の悪い方から考えて10％の損失がPMLとなります。建物の損失を評価する具体的な方法には，3.4節や4.5節に述べる地震応答解析に基づく方法や過去の地震被害の統計を用いた方法などさまざまなものがありますが，評価の目的やかけられる費用，時間に応じた方法が用いられています。さらに詳しい内容は参考文献1)などを参照してください。

近年では，保険分野などで，発生確率を地震の発生確率ではなく，最終的な結果（損失）の発生確率と考え，「地震による損失を考えたとき，50年間にその値を超える確率が10％となる値」をPMLとする定義を採用することもあります。当然，「発生確率」の定義が変われば，PMLとして示される値が異なりますが，どちらが良い/悪いとはいえません。構造技術者が設計とかかわりのある地震の発生に重きをおいた指標を利用するのに対し，保険支払い金額に強い関心がある保険業者が損失の発生に重きをおいた指標を用いていると思われます。もちろん，定義の異なる指標の値を比較しても意味がありませんから，このようなリスク指標を利用するときには，数値だけでなく，その指し示す内容をきちんと理解することが重要です。

2.3.3 PML以外のリスク表現

PMLは一つの数値で表された表現なので，大小関係を容易に比較できることが利点として挙げられます。しかし，厳密にはPMLの比較は必ずしも地震リスクそのものの比較ではないことに注意が必要です。これまで説明したようにPMLは，単にある稀な確率で発生する損失を表したにすぎませんから，「PMLよりは小さいが高い確率で起こりうる損失」や「PMLより発生する確率は低いが絶対に起こらないとはいえないさらに大きな損失」はPMLに反映されません。

小さな損失から「真の」最大損失までを対象に損失の発生確率の全体像を表現

するには，2.2節でも紹介したFN曲線と同じように，災害規模（ここでは死者数ではなく損失で表す）と発生確率の関係を示したリスク曲線を用いるのが便利です。

図-2.3.1にリスク曲線の例を示します。ここでは，横軸に損失，縦軸に基準期間（例えば，50年間など；3.1節？と！　その3参照）に損失がその値を超える確率（超過確率）を示しています。リスク曲線の読み方ですが，例えば，横軸で損失10％を読み，対応する縦軸の値が18％になったとします。これは，再調達価格に対して10％以上の損失が生じる確率は50年間で18％，逆にいえば82（＝100－18）％の確率で損失は10％未満であることを意味しています。また，数学で累積分布関数（付録A参照）というものがあります。これは変数がある値以下になる確率を示したものですから，リスク曲線は，損失の累積分布関数の補関数（付録A参照）といえます。すでにお気づきの読者もいるかと思いますが，

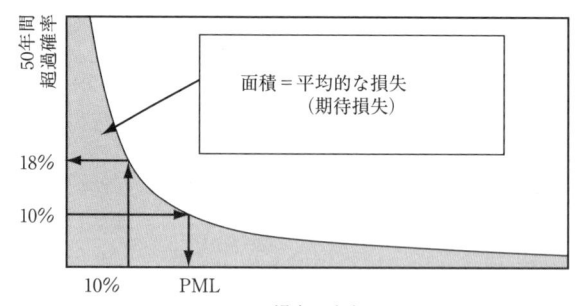

注）PMLの定義に用いた確率

図-2.3.1　リスク曲線の例

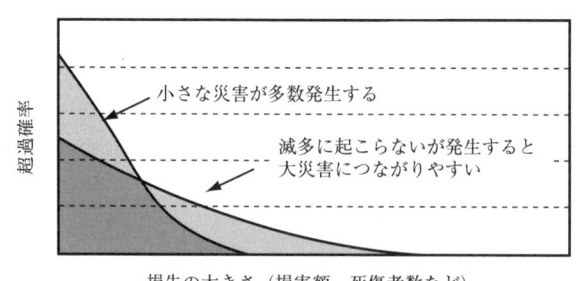

図-2.3.2　異なる性質を持つリスクの比較

2.3.3 PML以外のリスク表現

　PMLはリスク曲線上で，定義に従い縦軸の値（例えば10%）を決めたリスク曲線上の一点に対応する横軸の値となります。この他の代表的なリスク表現として，損失の期待値があります。期待値は，発生し得るすべての損失におのおのの損失の発生確率を乗じて総和をとったもので，「平均的」に予想される損失の大きさです。リスク曲線を積分すると，すなわち，リスク曲線と両方の軸で囲まれる面積を求めると，これが損失の期待値となります。

　このようにさまざまなリスク表現が存在するのは，リスクが「損失の大きさ」と「発生確率」という2つの量で構成されているため，簡単に大小関係を比較できないからではないかと思われます。例えば，図-2.3.2のような場合，どちらのリスクがより望ましくないかの判断は必ずしも容易ではありません。リスク曲線からはリスクの全容を知ることができますが，いつでも「有用なリスク表現」とは限らないことに注意が必要です。

　適切なリスク表現はリスク情報の利用目的によって変わります。例えば，保険金額や災害準備金額を検討するには，最悪のケースを考えたときの損失の大きさを示すPMLが適当ですし，中立的にリスクを比較したいときには期待値の比較で，逆に予算の上限が決まっているプロジェクトの採否を考えるときには，ある大きさ以上の損失を被る確率でリスクを表現した方がよいでしょう。適切なリスク表現をするには，そもそもリスクをどうしたいのか，どういう事態を防ぎたいのかに立ち戻って考えることが大切です（第4章参照）。

参考文献
1) 星谷勝・中村孝明：地震リスクマネジメント，山海堂（2002.4）など

?と! その2

不動産の証券化

　不動産の証券化とは，家賃など不動産から得られる収益を配当原資とした証券を発行することで不動産の取得や建設にかかる資金を調達する手法です。主に不動産を投資対象とする投資信託である「不動産投資信託（REIT：Real Estate Investment Trust）」が2000年に法的に認められたことなども手伝い，近年ますます活発になっています。伝統的な取引に比べて不動産投資に伴うリスクを分散しやすい一方で，投資家に対する取引の透明性を求められるため，リスクの説明責任としてデュー・デリジェンスが不可欠のものとなっています。

2.4 建設工事と天候リスク

Key Word: 降水確率　現場溶接　意思決定　期待利益

　建設会社に勤めるTさんは建設現場の工程管理の仕事をしています。建設工事は，基礎，躯体，設備，仕上げというように，いくつかの工程があります。前の工程が終わらなければ次の工程に進めないため，各工程で必要な多くの専門職人をいつ配置するかを管理しなければいけません。

　そんなTさんがいつも頭を痛めている工程のひとつに現場溶接の工程があります。溶接は鉄骨部材の接合部分に高温の金属を溶かし込んで接合する方法です。したがって，接合する部分が雨に濡れたり錆びたりすると溶かし込む金属の特性が変化し，接合部分の性能が落ちることがあります。そこで，雨の日は溶接の作業はしないことにしています。

　ところが，雨が降るかどうかは当日になるまで不確定な現象です。前日までに溶接作業の中止を決めておかないと，当日には現場作業技術者が溶接工事の工具と材料を持って早朝に建設現場にやってきます。溶接作業実施の有無にかかわらず作業技術者には拘束時間に対する支払いが必要なため，もし当日雨が降りはじめて溶接の作業ができなくなってしまった場合には，大きな損失が発生してしまいます。ただし，前日に溶接工事の中止を宣言しておけば，作業技術者への支払いは発生せず，損失は最小限に食い止めることができます。したがって，前日に溶接工事を実施するかどうかを決めるTさんの責任は重大です。

　このような状況のもと，Tさんは現場の溶接工事を実施するかどうかの意思決定に天気予報を利用することにしました。天気予報は翌日雨が降る確からしさを確率で教えてくれます。この確率をどのように使えば合理的な意思決定ができるのでしょうか。ここでは，リスクを期待値で表現し，そこから意思決定を行ったTさんの考え方を事例として見てみることにしましょう。

2.4.1 意思決定の結果に応じた損益マトリクス

Tさんはまず表-2.4.1のような損益の関係を書き出して考えることにしました。表-2.4.1は，前日に溶接工事を中止したときとしないときの利益と損失を，降水の有り無しに分けて示したものです。話を単純にするため，ここではこの一日の溶接工程に限った損益を考えることにしましょう。まず，前日に溶接工事を予定していたのに当日に雨が降れば溶接作業を中止せざるを得ず，溶接作業技術者への支払いだけが発生します。現在の現場の場合，この損害は40万円です。雨に降られず，無事溶接工事を終了すれば，70万円の利益があります。一方，前日に溶接工事の中止を宣言していれば，溶接作業技術者への支払いは発生せず，現場の工程が遅れたことによる10万円だけが損害として発生します。

表-2.4.1 意思決定と降雨状況による損益のマトリクス

意思決定 \ 降雨状況	降雨あり	降雨なし
当日に溶接作業の実施を判断	40万円の損失	70万円の利益
前日に溶接作業の中止を宣言	10万円の損失	10万円の損失

2.4.2 期待利益の算出

今，この地方の気候的な降雨確率は25％（平均して4日に一度雨が降る）だとします。最初に天気予報にかかわらずいつでも現場溶接工事を実施する場合について考えてみましょう。まず，雨が降らなかった場合の利益は70万円，これは1−0.25の確率で実現します。一方，雨が降った場合の損失は40万円，これは0.25の確率で実現します。期待値は，その事象が発生したときの値と，その事象が起きる確率とを掛け合わせたものの総和（付録A参照）ですから，得られる利益の期待値は次の式で表されます。

70万円×(1−0.25) + (−40万円)× 0.25 = 42.5万円

次に，前日の天気予報で出されている降水確率を前日の作業中止の宣言に反映させることを考えてみましょう。この地方の降水確率予報は0％，20％，40％，60％，80％，100％の6段階で表現されるとします。このとき，予報の各確率が発表される頻度を降水確率の発表度数と呼び，表-2.4.2に示すような値としま

す。例えば，降水確率20％の発表度数が10％ということは，一年間のうちの一割は「明日の降水確率は20％です」と予報されているということです。このとき，予報された降水確率と発表度数をかけあわせると，「降水確率が20％と発表されて，かつ翌日雨が降る確率」になります。したがって，この値を各降水確率についてすべて足し合わせると0.25となり，この地方の気候的な降雨確率（＝一年のうちで雨の降った日数/365）と一致します。

表-2.4.2 予報された降水確率と期待値

予報された 降水確率 P_i	降水確率の 発表度数 F_i	各予報における 降雨の期待値 $P_i \times F_i$
0.0	0.6	0.00
0.2	0.1	0.02
0.4	0.05	0.02
0.6	0.05	0.03
0.8	0.1	0.08
1.0	0.1	0.10
計	1.00	0.25

　また，この確率予報の信頼度は完全であると仮定します。これは，予報した確率と同じ頻度で実際にも降水が発生すると仮定していることを意味していますが，現実の降水確率予報でもほぼ成り立っていると考えてよいとされています。

　いま，この確率予報を利用するため，降水確率が60％以上のときに溶接工事を中止すると宣言するとした場合の利益の期待値を求めてみましょう。まず，降水確率が60％以上のときに溶接工事中止を宣言するのですから，もしも明日の降水確率が40％と予報されていれば予定通り明日の溶接工事実施に向けて準備を進めることになります。降水確率が40％と予報される度数は0.05ですから，100日のうち5日がこの場合にあたります。このうち，運悪く雨の降ってしまう確率は40％，すなわち，この5日のうち，2日は当日実際に雨が降り，溶接工事を中止せざるを得なくなります。工事実施の有無に対する損益は**表-2.4.1**にまとめてあるとおりですから，降水確率40％と予報されたときの利益の期待値は，

　　　0.03×70万円 $+ 0.02 \times (-40$万円$) = 1.3$万円

となります。式中の0.03は，降水確率が40％と予報され，かつ当日は雨が降ら

ない確率（0.05 × 0.6）を，0.02 は降水確率が 40％と予報され，かつ当日は予報通り雨が降る確率（0.05 × 0.4）を表しています。

一方，降水確率が 60％と予報される度数は 40％と同じ 0.05 であり，このときは前日に溶接工事の中止を宣言します。したがって，当日の降雨の有無にかかわらず，損害が 10 万円発生します。よって利益の期待値は，

　　0.05 ×（－10 万円）＝－0.5 万円

となります。

以上のような計算を，0.0 から 1.0 までのすべての降水確率について計算し，それを足し合わせると利益の期待値が求められます。**表-2.4.3** はその一覧を示したもので，60％以上で中止と判断した場合に利益の期待値は 45.6 万円でした。

同じ考え方で，溶接工事中止の基準となる降水確率を変化させてみた場合の利益の期待値も**表-2.4.3** に示してあります。網掛け部分が前日に溶接工事の中止を宣言した部分に相当します。これより，この現場では 80％以上の降水確率の時に溶接工事中止を宣言する場合が最も利益の期待値が高くなることがわかりました。このことから，T さんは前日の天気予報で予報降水確率が 80％以上の時に翌日の溶接工事を中止するようなルールを定めました。

以上が，T さんが建築現場の施工工程管理に確率を応用した事例です。確率予報を考慮せず，常に前日に溶接工事を実施すると宣言したときの利益の期待値は 42.5 万円ですから，確率予報を意思決定に有効に使うことで高い利益が得られることが容易に理解いただけると思います。

表-2.4.3　利益の期待値

予報された降水確率 P_i	利益の期待値（万円）					
	20％以上で中止	40％以上で中止	60％以上で中止	80％以上で中止	100％の時だけ中止	常に実施
0.0	42.0	42.0	42.0	42.0	42.0	42.0
0.2	－1.0	4.8	4.8	4.8	4.8	4.8
0.4	－0.5	－0.5	1.3	1.3	1.3	1.3
0.6	－0.5	－0.5	－0.5	0.2	0.2	0.2
0.8	－1.0	－1.0	－1.0	－1.0	－1.8	－1.8
1.0	－1.0	－1.0	－1.0	－1.0	－1.0	－4.0
計	38.0	43.8	45.6	46.3	45.5	42.5

2.4.3 雨の日の多さの影響，工事種別の影響

前項の事例では，Tさんの工事現場では予報降水確率が80％以上の時に翌日の工事を中止した場合に最も高い利益が期待できました。では，全国どの現場でも，あるいはどんな工事でも80％を意思決定のための確率としてもよいのでしょうか？　ここではこのことを考えてみましょう。

Tさんの工事現場のあるA地方での雨は**表-2.4.2**に示すような頻度でした。ここでは比較のため，**表-2.4.4，2.4.5**に示すような2つの地域を考えてみましょう。**表-2.4.4**に示すB地方は，比較的雨の多い地域です。雨の降る日が年間の4

表-2.4.4　B地方の降水確率

予報された 降水確率 P_i	降水確率の 発表度数 F_i	各予報における 降雨の期待値 $P_i \times F_i$
0.0	0.3	0.00
0.2	0.2	0.04
0.4	0.1	0.04
0.6	0.1	0.06
0.8	0.1	0.08
1.0	0.2	0.20
計	1.00	0.42

表-2.4.5　C地方の降水確率

予報された 降水確率 P_i	降水確率の 発表度数 F_i	各予報における 降雨の期待値 $P_i \times F_i$
0.0	0.7	0.00
0.2	0.1	0.02
0.4	0.05	0.02
0.6	0.05	0.03
0.8	0.05	0.04
1.0	0.05	0.05
計	1.00	0.16

割以上あります。一方，**表-2.4.5**に示すC地方は雨の少ない地方で，年間のうち16％しか雨の日がありません。この2つの地方について前章と同じ計算をしてみました。

図-2.4.1が各地方ごとの溶接中止の降水確率と利益の期待値の関係を示したものです。全体的には雨の多い地方ほど期待できる利益は小さくなっていますが，利益を最大とするような溶接工事中止の判断の確率はいずれも80％であり，雨が多いか少ないかの影響はさほど大きくないことがわかります。

一方，**図-2.4.2**はTさんと同じA地方において，雨に影響を受ける別の工事として，コンクリート打設工事を考えた場合の工事中止確率と利益の期待値の関係を見たものです。コンクリート打設工事では，作業を実施すると判断していたのに雨が降ってしまったときの損失が溶接工事に比べかなり大きいと考えられ，その損益マトリクスは**表-2.4.6**のような値になります。**図-2.4.2**を見てわかるように，この工事では，60％以上の降水確率予報の時に工事を中止するのが利益の期待値が最大となっています。このことより，降水確率がいくつ以上の時に工事を中止すべきかの判断基準となる確率は，その工事の損益マトリクスに大きく

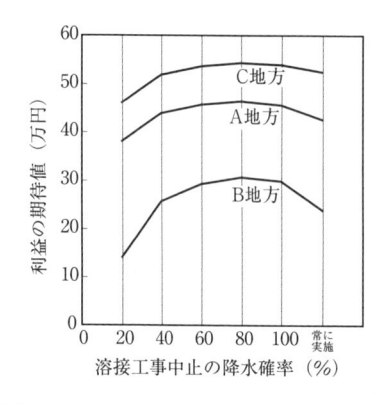

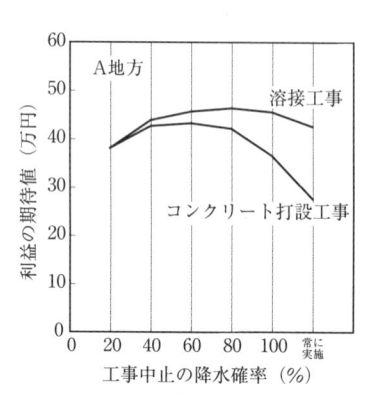

図-2.4.1　雨量の違う地方ごとの比較　　**図-2.4.2　工事種別の比較**

表-2.4.6　損益マトリクス

意思決定 \ 降雨状況	降雨あり	降雨なし
当日にコンクリート打設工事の実施を判断	100万円の損失	70万円の利益
前日にコンクリート打設工事の中止を宣言	10万円の損失	10万円の損失

影響を受けることがわかります。

参考文献
1) 立平良三：気象予報による意思決定，不確実情報の経済価値，東京堂出版(1999)

2.5 保険料とリスク分散

Key Word: 保険料　保険金　大数の法則

保険の値段（保険料）を決めるのにも，確率・統計論が使われています。保険は，おおまかにいって，生命保険と損害保険に分類されます。ここでは，損害保険のひとつである火災保険の例を取り上げます。

2.5.1 保険の仕組み

図-2.5.1は，ある保険会社が，多くの保険加入者に対して火災保険を売っている様子です。一人ひとりの加入者は，万が一の火災に備えて，小額の保険料を支払っておきます（図-2.5.1(a)）。例えば，5 000万円の保険金を受け取るために，5 000円の保険料を支払っておきます。保険会社は，契約期間中（例えば1年間）に火災に遭った加入者にだけ，保険金5 000万円を支払います（図-2.5.1(b)）。他の加入者については，保険金は支払われず保険料5 000円は掛け捨てとなります。

上の例では，5 000万円の保険金を受け取るために保険料5 000円を払いました。では，この保険料はどのように決められるのでしょうか？

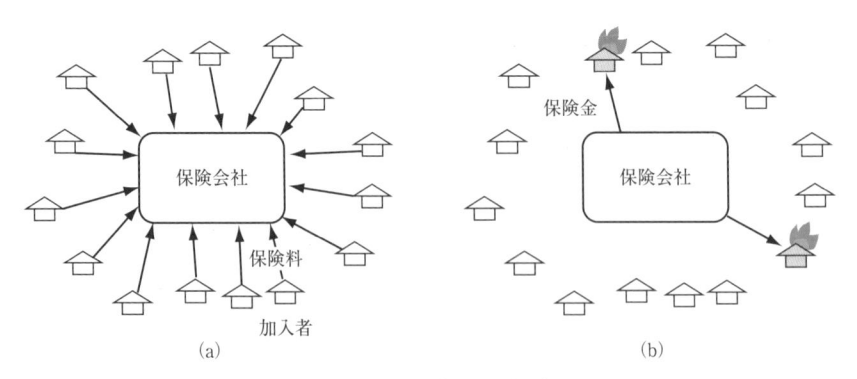

図-2.5.1　保険契約の概念図

例えば，保険会社が50 000人と保険契約し，各加入者が1年間に火災に遭う確率が0.1％との統計データが得られたとします。仮に，ちょうど50 000人の0.1％（50人）が火災に遭ったとすると，保険会社の総支払額は25億円（50人×5 000万円）になります。保険会社は，この25億円を支払うために，各加入者から保険料5 000円づつを徴収しておくわけです（25億円÷50 000人）。すなわち，保険会社は，受取り総額と支払い総額が釣合うようにして，保険料を設定します。

加入者数をN，一人あたりの保険料をX_0とすると，保険会社が徴収する保険料の総額は$N \times X_0$となります。一方，一人あたりの保険金をY_0，火災に遭う確率をpとすると，支払い総額Zは$(N \times p) \times Y_0$となります。両者が等しいとすれば保険料X_0は次式で表されます。

$$N \times X_0 = Z = (N \times p) \times Y_0 \tag{1}$$

$$X_0 = pY_0 \tag{2}$$

先程の例を(2)式に当てはめてみると，一人あたりの保険料は，0.1％×5 000万円＝5 000円と計算できます。

(1)式および(2)式では，50 000人のちょうど0.1％（50人）が火災に遭い，支払い総額が25億円ちょうどになると仮定しました。ところが50人というのはあくまでも期待値（平均値）であり，実際に火災に遭うのは，46人だったり58人だったりするわけです。つまり，支払い総額Zは，23億円だったり29億円だったりするわけです。運良く25億円以下になった場合には良いのですが，25億円を超えた場合には，保険会社は損をしてしまいます。

このために保険会社は，保険料を計算する際に，支払い総額Zを（確定値ではなく）確率変数と考えて，そのばらつきを考慮します。具体的には，支払い総額Zの期待値$E[Z]$に標準偏差σ_Zの定数倍（α倍）を上乗せします。

$$N \times X_0 = E[Z] + \alpha\sigma_Z = (N \times p) \times Y_0 + \alpha\sigma_Z \tag{3}$$

(3)式より保険料X_0は次式のように設定されます。

$$X_0 = pY_0 + \alpha\frac{\sigma_Z}{N} \tag{4}$$

αは，リスク・プレミアムと呼ばれる定数で，保険会社のポートフォリオ（販売保険群），手数料，市況などを勘案して決められる定数です。これは，収入が支払額を超えない可能性を表す指標という点で2.1節の合格度指標βに対応しま

す。σ_Z は，各保険加入者への支払い額 Y の標準偏差 σ_Y を用いて，以下のように表されます（ここでは，すべての保険加入者の σ_Y は一定で，Y は統計的に独立と仮定しています）。

$$\sigma_Z = \sigma_Y \sqrt{N} \tag{5}$$

(5)式を(4)式に代入すると，(6)式が得られます。

$$X_0 = pY_0 + \frac{\alpha \sigma_Y}{\sqrt{N}} \tag{6}$$

(6)式右辺の第2項は，支払い総額 Z のばらつきに対する，保険加入者一人あたりの負担額です。先程のケース（$N = 50\,000$ 人）において，$\alpha = 0.4$ かつ $\sigma_Y = 160$ 万円を仮定すると，保険料 X_0 は約 8 000 円と計算されます（5 000 円 + 約 3 000 円）。また(6)式からは，保険加入者 N が少ないほど，一人あたりの保険料 X_0 が高くなることがわかります。例えば，保険加入者が 1/100 の 500 人だったとすると，保険料は約 3 万 5 000 円になってしまいます（5 000 円 + 約 3 万円）。

2.5.2 大数の法則

　以上の保険料の設定方法について，保険会社の立場から考えてみます。(3)式より，支払い総額の期待値 $E[Z]$ は加入者数 N に比例するのに対して，(5)式より，標準偏差 σ_Z は $\sqrt{N}$ に比例することがわかります。これより，支払い総額 Z の標準偏差の期待値に対する比（$\sigma_Z/E[Z]$）は，$\sqrt{N}$ に反比例することになります。つまり，加入者数 N が多いほど，支払い総額のばらつき度合いが小さくなります（図-2.5.2）。このことから保険会社は，加入者数 N を増やすことで，一人あたりの保険料 X_0 を安くすることができるのです。先程の例では，50 000 人の加入者について，保険会社の支払い総額の期待値 $E[Z]$ は 25 億円でした。支払い総額 Z の標準偏差 σ_Z を 3.5 億円とすると，Z の変動係数（付録 A 参照）$\sigma_Z/E[Z]$ は 0.14 となります。加入者数 N を 1/100 の 500 人とする場合，$\sigma_Z/E[Z]$ は 10 倍の 1.4 になり，Z のばらつき度合いが非常に大きくなります。その大きな不確実性に備えるために，保険会社は，一人あたりの保険料を高く設定せざるを得ないのです。

　以上のように，保険加入者数 N が増えると，支払い総額 Z のばらつき度合い

が小さくなることを「大数の法則」と呼びます。保険会社は，この大数の法則を利用してリスク分散することにより，保険商品を設計・販売するのです（ただし大数の法則は，火災や自動車事故のように，個々の事象の相関性が低い場合に適用できます）。

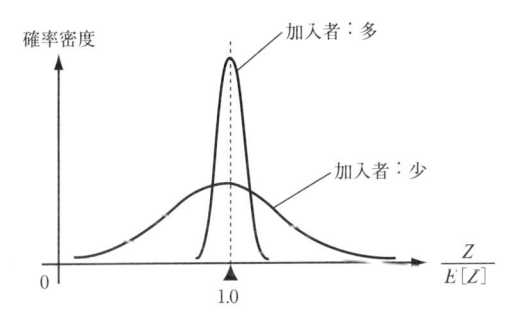

図-2.5.2　支払い総額(Z)の確率分布

以上では，火災保険を例にとって，保険料の設定方法を説明しました。火災以外の損害保険や生命保険も同様に，確率や統計を駆使して保険料が計算されます。

3章
リスクをはかる

不確かな将来に対して，情報を入手し，リスクで考え，適切な行動をするためには，客観的・科学的手法に基づく，リスクの定量的評価が欠かせません。この章では，とくに建物の構造設計を例に，性能水準の測り方，設計の際に考慮すべき荷重（建物に作用する力）の評価方法，地震による被害の評価方法について解説するとともに，具体的なリスク評価の事例を示しています。

3.1 建物の性能を測る

Key Word: 性能設計　再現期間　限界状態超過確率　信頼性指標

　建物では夏涼しくて冬は暖かい方が気持ちいいものです。このように，建物あるいは部材や空間が果たす機能の程度のことを性能といいます。このほかにも，建物に要求される性能にはさまざまなものがあり，主として居住性・機能性確保のための使用性能，財産の保全・機能復帰のための修復性能，人命保護・けが防止のための安全性能などがあります。またこれらの基本的な項目以外にも耐火性能や耐久性能などが設計で考慮されます。これらの各性能のことを性能項目といいます。

　わが国では，各性能項目の水準は，建築基準法を遵守することにより確保されます。しかし，基準法は，第1条に「この法律は，建築物の敷地，構造，設備および用途に関する最低の基準を定めて，国民の生命，健康および財産の保護を図り，もって公共の福祉の増進に資することを目的とする」とあるように，最低の水準を示すものであり，これを守れば「十分」というわけではありません。基準法では，数百年に1度の地震や強風，大雪に対しては人命の保護を第一に考え倒壊しないよう，数十年に1度の事象に対しては，その後の使用に支障の無いようにと規定されています。すなわち，稀に発生する大地震では，建物は大きな被害を受け，その後の使用に支障をきたすどころか，建て替えなければならないことも起こり得ます。数百年に1度よりもさらに大きな，きわめて稀な大地震に襲われた場合には，倒壊してしまうことも起こりうるのです。ただ，最低限の上にランクはなく，また，水準を測る尺度がないため，「最低限」＝「十分」と誤解されることが多いようです。

　きわめて多くの建物が被害を受けた阪神・淡路大震災を契機に，「建築基準法は，最低限の水準を示すだけであり，その上の水準を確保するのは，建築主・使用者の自由であるが，その責任も問われる」という当然の考えが，少しずつですが広まってきています。このような背景から，建築主・使用者との合意の下で，

目標とする性能水準を定めこれを満たすよう設計するという「性能設計」が提唱されています。各性能項目について設計における目標性能水準の設定を行い、性能評価すなわち各部材や構造システムがその目標と同等以上のレベルになるように確認しながら、それぞれの性能・品質を確保し、各性能項目のバランスをとりつつ設計行為をしていくことが設計者の役目です。これをリスクで考えてみると、「与えられた経済的制約条件のなかで、予測可能な災害や事故等に対する可能な限りのリスク低減をはかること」であり、構造設計はリスクマネジメントをしていることにほかなりません。これを実践するためには建物の性能を客観的に測り、表示することが必要となります。

2.1節では、大学入試に合格するか否かは、受験生の能力だけでなく、受験する大学の入試難易度との相対的な関係で決まるとお話しました。建物の性能水準も同様で、実際に建てた建物が、どこまでの荷重や外力に耐えられるかといった「真の耐力」と、実際に建物に加わる「真の荷重」との相対的な関係によって定まります。もちろん、建物を建てるまでは「真の耐力」はわかりません（実際には、建てた後も、破壊試験をするまでは、わかりません）。また、建物が建っている間にどのような荷重が加わるか、例えば、どの程度大きな地震動が起こるかや、どの程度大きな台風が来襲するかは、未来のことですから確実にはわかりません。建物の性能を測る場合も、これらの不確定性を適切に取り扱う必要があります。以下では、性能水準を測るいくつかの尺度について、とくに、不確かさの取扱い方法に焦点を当てながら、簡単に説明しましょう。

3.1.1 重要度係数と再現期間

建物の性能水準を表現する方法として、古くからある考え方に「建物の重要度を考えて適切に荷重を割り増す」重要度係数があります。住宅の場合、「住宅の品質確保の促進等に関する法律」（2000年施行）のなかに住宅が持つべき基本的性能として定められている10分野の性能表示基準のうち、「構造の安定に関すること」（構造躯体）の項目において、耐震・耐風・耐雪等級を定める際に用いられています。そこでは、最低水準の等級1は、基準法と同レベルとし、耐震等級2、3は、等級1のそれぞれ1.25倍、1.5倍の地震動に対して、耐風（耐雪）等級2は等級1の1.2倍の風（雪）に対して等級1と同様に設計することと定められています。一般に、大きな地震動ほど生起する可能性は小さいのですが、では、

数百年に1度の地震の1.25倍や1.5倍の地震動とはどの程度稀な地震動なのでしょうか。

　数百年に1度（再現期間数百年（？と！　その3参照））の事象の大きさを1.2倍や1.5倍した値が何年に1度に対応するかは，その事象の大きさがどの分布に従うのかや，どの程度ばらついているのか（変動係数；付録A参照）に大きく依存します。**図-3.1.1**は再現期間と重要度係数の関係を，耐震（風，雪）等級1で対象とする事象の再現期間を500年として示したものです。地震動の強さは一般にフレッシェ分布（付録A参照）に従うといわれていますが，東京や名古屋など地震危険度の高い地域での年最大値の変動係数は0.8程度です。このような地域では，耐震等級2や3の地震動の再現期間はそれぞれ950年，1500年となります。一方，地震危険度の低い地域では，ごく稀に大きな地震動が起こりますか

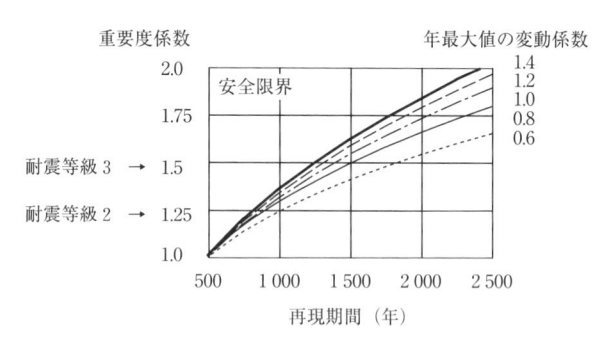

(a)　フレッシェ分布（地震動の最大値など）

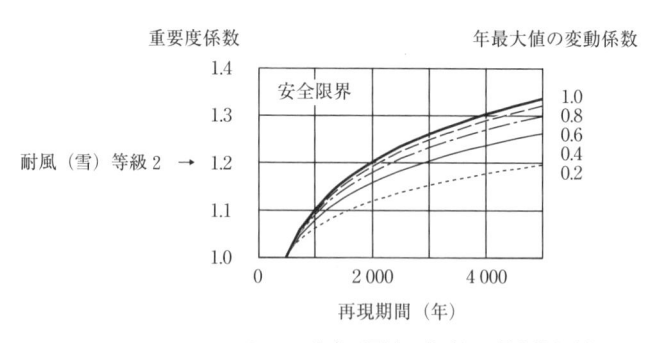

(b)　グンベル分布（風速，積雪深の最大値など）

図-3.1.1　再現期間と重要度係数の関係

ら変動係数は，1.4以上と大きな値となります。このような地域では，耐震等級3の地震動の再現期間は1250年となります。同様に，風速や積雪深はグンベル分布（付録A参照）に従うといわれていますが，積雪深の年最大値の変動係数は，一般地域では0.7，多雪地域では0.35程度です。これらの地域における耐雪等級2の積雪深はそれぞれ，2500年，3500年と大きく異なります。このように，荷重の分布やばらつきの大きさは，事象や地域によって大きく異なるため，異なる地域で設計された同じ等級の建物が，同じ性能水準であるとは限りません。これでは性能水準の普遍的な尺度としては失格です。

3.1.2 性能マトリクス

カリフォルニア構造技術者協会は，1995年に Vison 2000（図-3.1.2参照）を提示しました。これは，地震動の大きさを頻度（再現期間または発生確率）によって「しばしば（再現期間43年程度）」，「時々（再現期間72年程度）」，「稀（再現期間475年程度）」，「極めて稀（再現期間970年程度）」の4つのランクに分け，一方で，これらの地震動に対する被害の程度も「無被害」，「継続使用可能」，「人命安全」，「崩壊に近い」の4つのランクに分けて，その組合わせ（耐震性能マトリクス）で建物の耐震性能水準を示そうというものです。例えば，一般的な建物を設計する場合には，しばしば起こる地震動に対しては建物に被害を生じないように，時々起こる地震動に対しては被害が生じても継続して使用できるように，稀に起こる地震動に対しては大きな被害が生じることは許すが人命だけは守るように，そして，極めて稀に起こる地震動に対しては崩壊に近い状態と

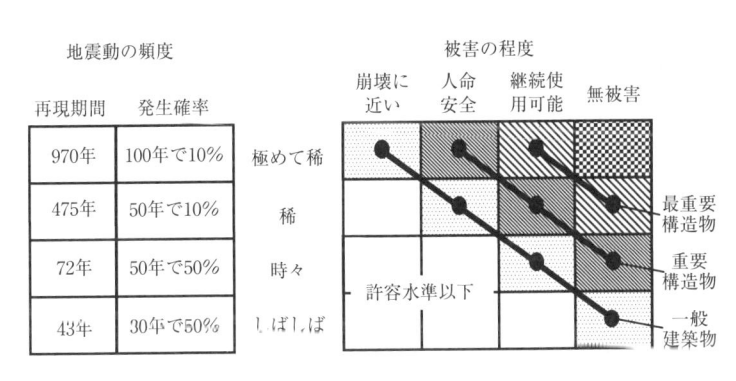

図-3.1.2 耐震性能マトリクス[1]

なっても仕方がないといった，マトリクスの対角線上の組み合わせで目標性能水準を設定します。地震時に重要な役割を担う建物については，その重要度の程度によってマトリクス上の一般建物より右上の組み合わせを目標性能水準に設定します。地震動強さの不確かさを言葉とともに確率的に示すことで，わかりやすく，かつ，定量的な表現となっています。

ところで，荷重の不確かさだけを確率的に表現し考慮するだけで十分なのでしょうか。「真の耐力」は不確定ですから，例えば，「一般建物」が「稀な地震動」を経験したとき，「人命安全」の領域に必ずあるということを保証することはできません。ちょっと先走りますが，この場合は，「無被害」の可能性が△％，「継続使用可能」である可能性が×％，「人命安全」である可能性が○○％，「崩壊に近い」可能性が□□％とすると，「真の耐力」その他の不確かさも考慮したことになります（4.3節参照）。

3.1.3 限界状態超過確率

建物の安全性・機能性を評価する際には，荷重の他にも耐力などさまざまな不確かさを考慮しなければなりません。これらを確率・統計論的に取扱い，建物の供用期間（？と！ その3参照）中に安全性・機能性を損なう確率によって構造性能水準を測る方法があります。例えば，建物の耐力を表す確率変数を R，竣工後 j 年目の1年間における荷重の最大値を表す確率変数を S_j とし，耐力が供用期間中において変化しないものと仮定すると，供用期間 n 年の建物が望ましくない状態に陥る確率（限界状態超過確率）P_f は次式で評価されます。

$$P_f = P[R < S_{max}] \tag{1}$$

ここに，P[A]は事象Aの生起確率，$S_{max} = \max\{S_j\}$ は n 年間の荷重の最大値を表す確率変数です。

P_f を性能水準の尺度とすることによって，耐力を割増しすることによる性能のレベルアップや，品質管理による耐力のばらつきの低減が P_f に反映されます。図-3.1.3(a)は，耐力の割増（横軸）と限界状態超過確率との関係を示したものです。ここでは，耐力は対数正規分布（付録A参照）に従い変動係数（V_R）は0.2としています。変動係数（V_S）0.6のグンベル分布に従う荷重効果を毎年1回受けるとして，供用期間を50年としたときの P_f が0.001であったとします（実

線).このとき耐力の平均値を1.2倍するとP_fは約1/7に,1.4倍すると約1/50となります.また,品質管理によって耐力の変動係数を0.2から0.1に減じた場合(点線),改良前と同程度のP_fが許容されるのならば,平均値を0.9程度まで下げることができます.このように,限界状態超過確率は,投資額と投資効果の関係(平均値を割り増す=大きな安全率をかける費用と限界状態超過確率を低減できることや,品質管理をする費用と部材断面を少し小さくして耐力の平均値を下げることなど)と併せて,さまざまな選択肢のうちどれが良いかを判断する際の重要な情報となります.

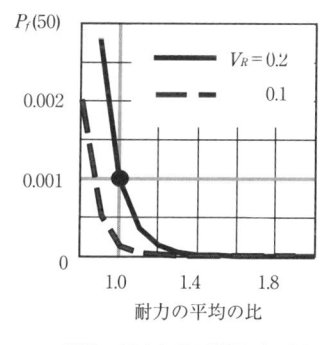

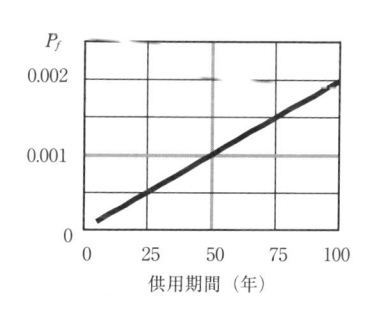

(a) 建物の耐力と供用期間(50年)中の限界状態超過確率

(b) 供用期間と限界状態超過確率

図-3.1.3　限界状態超過確率による性能評価

また,建設産業は,我が国におけるCO_2および産業廃棄物の最終処分量のそれぞれ約1/3を排出し,環境に多大な負荷を与えています.近年では,その対応策の一つとして,30～40年と欧米諸国に比べ著しく短いわが国の建物の寿命を伸ばすことが提唱されています.ところが,従来の構造設計では,建物の供用期間を明確に念頭においていたわけではなく,建築基準法においても具体的な年数の記述はありません.30～40年という平均寿命を現行設計における設計用供用期間とみなせばよいのでしょうか.設計供用期間を2倍にしたら,設計用荷重の再現期間も2倍にすればよいのでしょうか.従来の設計法では曖昧にされている供用期間に対しても,想定された供用期間に対応したS_{max}の統計量を用いることにより,供用期間の異なる建物間の性能水準を比較することができます(**図-3.1.3(b)**参照).また,長寿命化のために新たに開発された材料についても,経験がなくともデータに基づいて性能水準を測ることができます.

3.1.4 信頼性指標

限界状態超過確率は，建物が望ましくない状態になってしまう事象の確率なので，一般に $10^{-1} \sim 10^{-4}$ といったとても小さな値となってしまい，なかなかイメージが湧きません。もう少し一般に受け入れられやすい表現である信頼性指標について説明しましょう。これは，2.1節でお話した合格度指標に対応するものです。2.1節では，同節(5)式で β を定義して，同節(6)式を導きましたが，一般に，「真の耐力」も「真の荷重」も正規確率変数ではありませんので，ここでは，(2)式（2.1節(6)式）で信頼性指標を直接定義します。

$$\beta = \Phi^{-1}(1 - P_f) \tag{2}$$

図-3.1.4は(2)式の関係をグラフに示したものですが，$10^{-2} \sim 10^{-4}$ といった小さな限界状態確率に対しては，信頼性指標は1〜4程度となり，工学的に身近な尺度であるといえるでしょう。

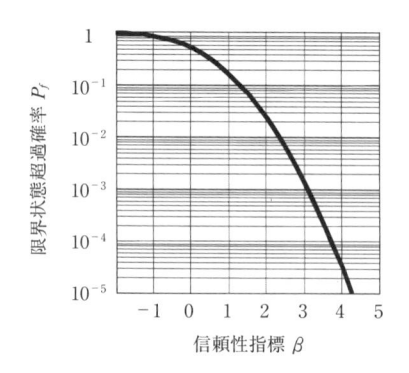

図-3.1.4 信頼性指標と限界状態確率の関係

参考文献
1) SEAOC, "Vision 2000-A Framework for Performance Based Earthquake Engineering", Vol. 1 (1995.1)

?と! その3

供用期間，再現期間と基準期間

　建物を設計する際には，未来を「予測」しなければなりませんが，どれほど先のことまで考えるかという「時間の概念」を理解することはきわめて重要です。正しく性能を測っても，異なる条件で測ったものは，互いに比較することができません。しかしながら，よく似た用語があり，よく混乱するようですので，ここで整理しておきましょう。

供用期間：建物が，建物として機能し，物理的・経済的・社会的に使用可能な状態であり，かつ，実際に使われている期間のことで寿命とほぼ同義。とくに設計の際に，適切な維持管理の下で意図された供用期間を「設計供用期間」といいます。

再現期間：ある現象がある値を超過して，つぎに超過するまでの時間間隔の平均値のことで，正しくは，平均再現期間といいます。再現期間 100 年の事象（平均して 100 年に一度それ以上のことが起こる事象）のことを，「100 年に一度の出来事」としばしば言います。ある年に再現期間 r 年の値を超過する確率は $1/r$ です（3.2 節参照）。なお，発生頻度で荷重の大きさを表現する場合，「再現期間」と「発生確率」では，同じ現象でも印象（受け取り方）が異なりますので，十分な注意が必要でしょう。例えば，「500 年に 1 度」と聞くと，生きているうちには起こりそうもないと思うかもしれませんが，「50 年で約 10%」と聞くと，その可能性はもっと高いと感じるでしょう（**図-3.1.2** 参照）。

基準期間：建物の供用期間が長ければ長いほど大きな荷重が作用し望ましくない状態となってしまう可能性が高まります。したがって，限界状態超過確率や信頼性指標を評価するためには，評価する期間を定めなければなりません。この評価期間を基準期間といいます。超過確率や信頼性指標を比較する際には，基準期間が同じであることが必要なことは言うまでもありません。なお，本文中では，供用期間を基準期間としています。

3.2 荷重の統計

Key Word: 最大値／極値分布／超過確率／再現期間／供用期間

建物にはさまざまな荷重が作用しています。建物はこのような荷重に耐えられるように設計されなければなりません。ただし，常時作用している荷重を考慮しただけでは不十分で，建物が使われている間にどの程度の大きさの荷重が作用する可能性があるのかを予測しておく必要があります。そのために役立つのが過去の荷重の統計量です。どのような地震が起こったか，どのような台風が近くを通ったかなど，過去の統計データを元に建物が存在している将来の荷重を予測する，ということが行われます。

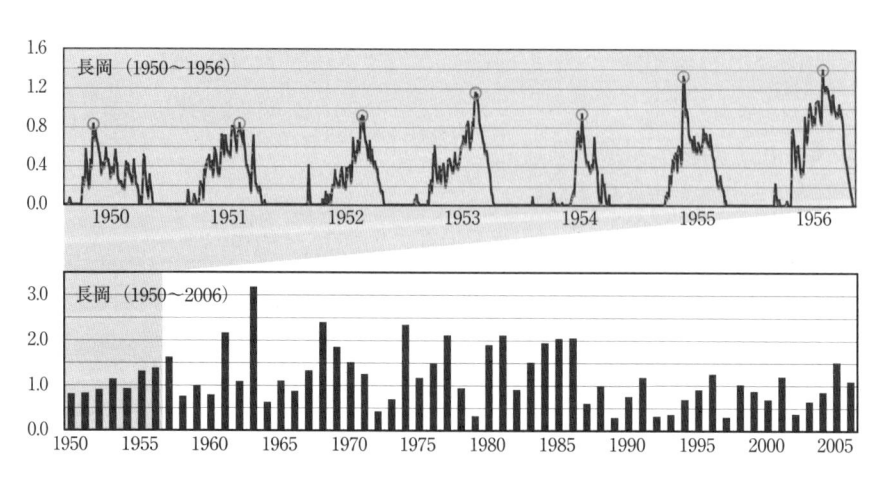

図-3.2.1　新潟県・長岡における年最大積雪深の推移

ここではまず雪荷重を例に取って，それがどれくらいばらつくのかと，将来の荷重の推定手法について見てみましょう。図-3.2.1 に示すのは，新潟県・長岡における 1950 年から 2006 年までの年最大積雪深の推移です[1),2)]。上の段は 1950 年から 1956 年までの毎日の推移（夏の部分は軸を省略）を示しており，○を付け

た年最大値を取り出して並べたのが下の段です。普段の年でも1m程度の雪は積もり，時には2mを超える積雪となること，とくに1963年の豪雪（三八豪雪）では3mを超えるような積雪となっていることがわかります。建物の設計では，このようなごく稀に起きる事象の性質を把握することが大切です。このような統計量を考えるためには「極値分布」（付録A参照）という確率分布を用いなければなりません。

図-3.2.1の年最大値の記録をヒストグラムに表すと図-3.2.2のようになります。正規分布とは様相が違って，右側に長い裾野を持っていることがわかります。

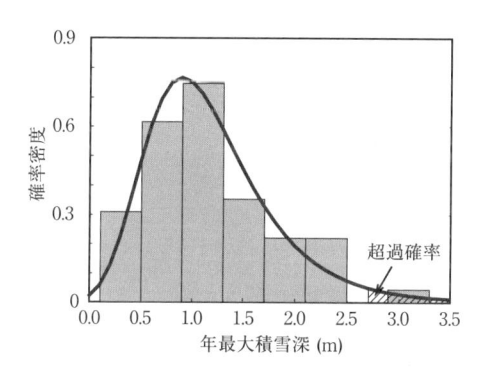

図-3.2.2　図-3.2.1のデータのヒストグラムとグンベル分布の重ね合わせ

3.2.1 超過確率と再現期間ならびに建物の供用期間の関係

ある現象がある値を超過して，つぎに超過するまでの時間間隔の平均値（r年）のことを再現期間といい，それに対応する値のことを再現期間r年に対する値（x_r）といいます（3.1節？と！　その3参照）。ある荷重が，再現期間r年に対する値を1年間に超える確率P_1は(1)式で与えられます。

$$P_1 = \frac{1}{r} \tag{1}$$

建物の設計において，再現期間を長く設定すればそれだけ超過確率は小さくなりますから，より安全な建物になります。では，何年程度の再現期間を設定すれば十分といえるのでしょうか。建物の供用期間をn年とし，毎年の事象が独立ならば，n年間での超過確率（n年間に少なくとも1回x_rを超過する確率）P_nは，「1年間に超過しない確率をn乗して1から引く（(2)式）」ことで求められます

（サイコロを n 回振ったときに少なくとも 1 回 x の目の出る確率を求めることと同じ）。図に示すと**図-3.2.3** のようになります。

$$P_n = 1 - \left(1 - \frac{1}{r}\right)^n \tag{2}$$

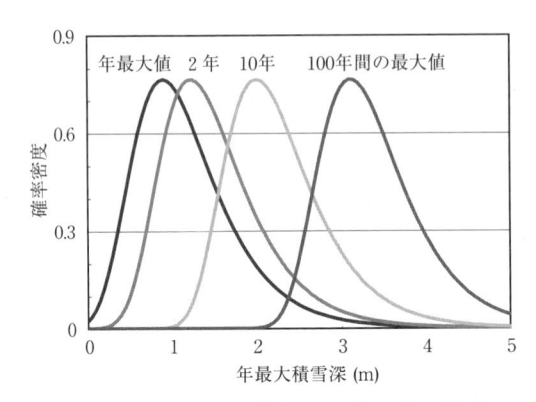

図-3.2.3 年最大値と n 年最大値の関係

設計では，一般に建物の供用期間を 50 年（$n=50$ 年）と考えていますが，例えば $n=r=50$ 年とすると，超過確率は 64% 近い値になります。$n=50$ 年に対する超過確率を 10% にするためには，$r=475$ 年にする必要があることになります。この考え方に基づいて，2000 年に改定された建築基準法では，雪荷重，風荷重については再現期間 500 年に対する値が構造設計に用いられています。

3.2.2 確率紙へのプロット例

では具体的に，過去の統計データから例えば再現期間 500 年に対する値はどのようにして求められるのでしょうか。対象とする確率分布に従うときにデータが直線状にプロットされるよう軸を調整したグラフ用紙のことを確率紙と呼んでいますが，このような確率紙に過去のデータをプロットしてみるのが直感的でわかりやすいと思われます。

（1）雪荷重：年最大積雪深の例

長岡の雪のデータをグンベル確率紙にプロットしてみると，**図-3.2.4** のように

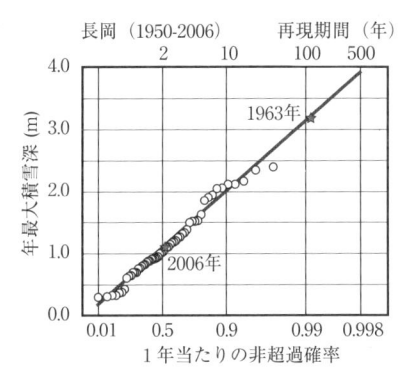

図-3.2.4 年最大積雪深のグンベル確率紙へのプロット（長岡）

直線状に並んでいます。長岡の年最大積雪深の値はほぼグンベル分布となっていることがわかります。

　この図から再現期間 r 年に対する値を読み取ることができます。長岡の場合，再現期間100年に対する値はおよそ 3.2 m ほどで，1963年の豪雪時の値がほぼそれに相当していることがわかります。2006年の冬は，全国的に見て 43 年ぶりに「平成18年豪雪」と名前の付いた豪雪の年でしたが，長岡に関していえば非超過確率 0.5 程度の値で，ほぼ平年値であったこともわかります。他方，再現期間500年に対する値は 4.0 m 弱であり，再現期間100年に対する値の3割増し程度です。再現期間が5倍になったからといって，荷重の値も5倍にしなければならないわけではないことが，この図から読み取ってもらえると思います。

（2）　風荷重：年最大風速の例

　図-3.2.5 には東京管区気象台（大手町）の1961年から2005年までの年最大風速（10分間平均風速の年最大値，気象情報で良く用いられる最大瞬間風速とは異なります）[1]をグンベル確率紙にプロットした例を示します。この例もほぼグンベル分布に適合していることがわかります。

（3）　地震荷重：年最大基盤速度の例

　東京における年最大基盤速度の推定値をグンベル確率紙にプロットした例を**図-3.2.6** に示します。ここでは十分に長い統計量を得るために古文書から過去の地震の震源とマグニチュードを推定した文献 3) に基づいて基盤（地下数十 m の

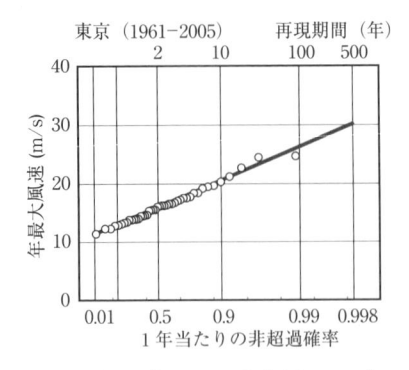

図-3.2.5　年最大風速のグンベル確率紙へのプロット（東京）

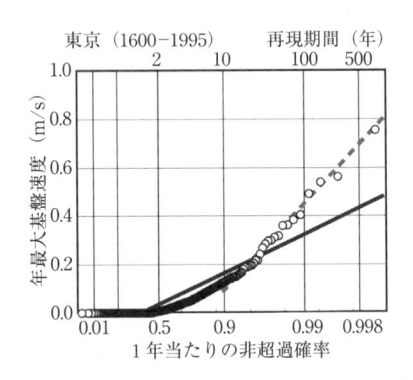

図-3.2.6　年最大基盤速度のグンベル確率紙へのプロット（東京）

ところにある工学的には十分固い地盤）の速度を推定しています。

　この例は前者2例とは異なり，統計量全体ではグンベル分布に従わない結果となっています。地震はごく稀に非常に大きな値を示すので，その部分ではばらつきの特性が異なり，異なる分布となるのです。上位のデータ（再現期間10年以上）のみに確率紙上で最小二乗法を当てはめると統計データとの適合性が高くなります（図中の破線）。なお，これらの評価は，過去のデータに基づいて地震荷重を統計的に評価する方法ですが，異なったアプローチで評価する方法もあります（3.3節参照）。

3.2.3　まとめ

　いくつかの例で示したように，年最大値だけをとっても荷重は大きくばらつき

ます。設計しようとする建物の供用期間中にどの程度の荷重が加わる可能性があるのか，適切に推定することは建物の性能を的確に評価し確保するための必要条件なのです。

参考文献
1) 気象庁電子閲覧室：http://www.data.kishou.go.jp/index.htm
2) 1950〜1956年の積雪深の推移データは建設省（当時）総合技術開発プロジェクト「雪に強い都市づくりに関する総合技術の開発」(1982-1986)のために整備されたものを用いた。
3) 宇佐美龍夫：新編日本被害地震総覧（増補補訂版416-1995），東京大学出版会，1996.

3.3 確率論的地震ハザード

Key Word: ハザード / 地震動 / 地震危険度 / 地震動指標 / 活断層 / 地図

　最近，政府の地震調査推進本部から地震ハザードマップが作成され公開されるようになりました。日本各地の地面の揺れが等高線地図のかたちで示されており，建物の地震リスクの評価や，耐震設計する場合にたいへん貴重な情報を与えてくれます。

　本節では，この地図が提示する貴重な情報を正しく理解し活用してゆくことが必要と考え，地震ハザードマップのエッセンスをわかりやすく解説しています。

3.3.1 我が国の地震発生の状況

　最近，地震が日本各地で以前にも増して発生しているように感じます。東海地震や南海地震などいつ起きてもおかしくないといわれる海洋型の巨大地震も多数ありますが，中越地震（2004年10月23日発生）のように内陸で起こるものもありますし，また，滅多に来ないと言われていた九州地方でも福岡県西方沖地震（2005年3月20日発生）が発生し，日本全国津々浦々どこでも地震が起きる可能性を示唆しています。ここでは，まず，地震が過去どのように起きてきたか，発生位置と発生時期について調べてみましょう。

(1) 地震の発生場所

　図-3.3.1は気象庁の1926年から2006年までの81年間の気象庁で整理された地震カタログ（発生場所，日時，地震の大きさ，等々がまとめられたもの）に基づいて地震のマグニチュードが5.5以上の地震の震源の位置とマグニチュードを円の位置と大きさでプロットしたものです。この図より以下のことが観察できます。

① 地震の起こり方は一様でなく，明らかに地域によって異なります。太平洋沿岸の日本海溝に沿って多くの地震が集中的に発生しています。

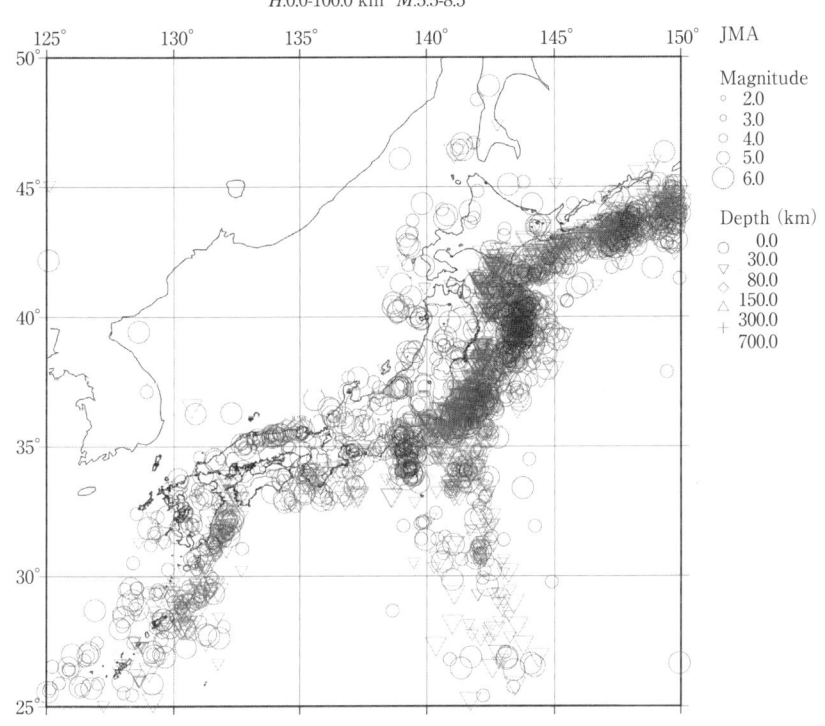

図-3.3.1　日本に地震発生位置と規模（東京大学地震研による）
http://wwweic.eri.u-tokyo.ac.jp/db/index-j.html

②　列島の内陸部の浅い所においても地震が発生しています。

上記のことは我が国の地震の研究において，よく知られていることであり，日本列島が複数のプレートと呼ばれる岩盤塊の上に載っており，地球内部のマグマの活動によってこれらのプレートが少しずつ動くことによって地殻内にひずみが蓄積され，そのひずみエネルギーがある時突然に解放される現象が地震であると理解されています。したがって，ひずみエネルギーの蓄積度合の違いによって，地震の起こりやすさが異なる地域が存在することになります。最近は観測技術が進歩してきましたので，上記のプレートの動きが正確にわかるようになってきました。

このように，過去の地震の起こり方には明確な地域性があり，将来の地震の起こり方もきっと同様の傾向があると考えることは自然です。そうなれば，「日本

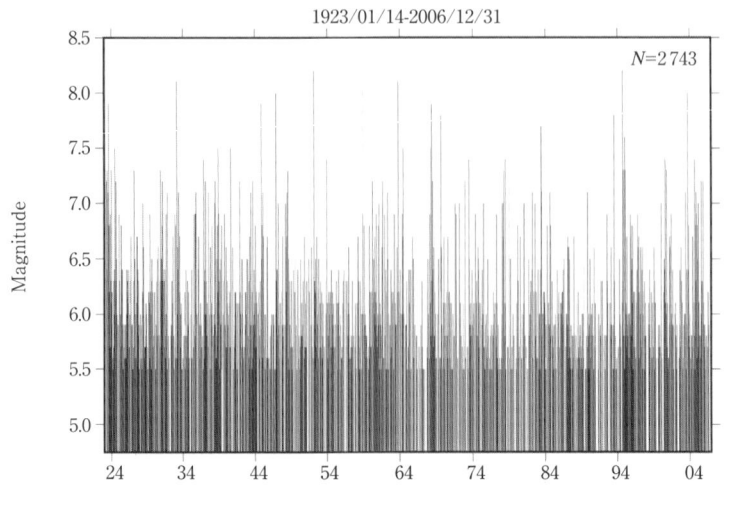

図-3.3.2　地震発生時間と地震規模（気象庁カタログによる）

全国どこでも同じように地震が起きる」と考えることは間違いであることがわかります。

(2) 地震の発生時期

図-3.3.2は，図-3.3.1に示した日本全国の地震カタログを用いて，横軸に地震発生時期（1923〜2006年），縦軸に地震の大きさ（地震マグニチュード）をとってプロットしたものです。いわゆる，日本全国の地震の発生履歴を表したもので，この図より以下のことがわかります。

地震の発生は，おおむね一定，つまり，地震が多い時期や少ない時期がはっきりとは見られません。最近，地震が多く観測され日本列島は地震活動時期に入ったという報道を耳にしますが，この図を見る限り，そのようなことは無く，地震の発生は過去から安定しているようです。また，この図より，81年間に地震マグニチュード8以上の地震の個数は3個程度，7.0以上では30個ぐらいあります。地震マグニチュードが1大きくなると，そのような大きさの地震の個数はおおむね一桁少なくなるという性質があることが経験的に分かっています。

（3） 地震から地震動へ

　私達は「地震」が怖いと思っていますが，これは厳密には正しい記述ではありません。私達が恐れるものは「地震」ではなく，「地震」から生じる「地面の揺れ（地震動）」なのです。大きな地震が遠い所で起きても心配する必要はありませんが，中規模の地震でも直下や近距離で起きた場合には，大きな地面の揺れになり，建物の倒壊を心配しなければなりません。つまり，注意を払わなければならないのは，地面がどれくらい大きく揺れるかです。

　地面の揺れの大きさを表すには，**表-3.3.1** に示す気象庁震度階がよく用いられテレビなどで地震が起きる度に必ず報道されます。また，地面の揺れは震度以外にも異なる尺度を用いることがあります。例えば，建物の耐震設計では，地表面最大加速度が用いられます。これは地面の揺れは，**図-3.3.3** に示すように加速度波形で観測されることが多く，地表における加速度波形の最大振幅値が地表面最大加速度になります。加速度で地面の揺れを表しておくと，この加速度から建物に作用する力を推定することができます。

表-3.3.1　震度階級と呼び名

震　度	0	1	2	3	4	5弱	5強	6弱	6強	7
呼び名	無感	微震	軽震	弱震	中震	強震		烈震		激震

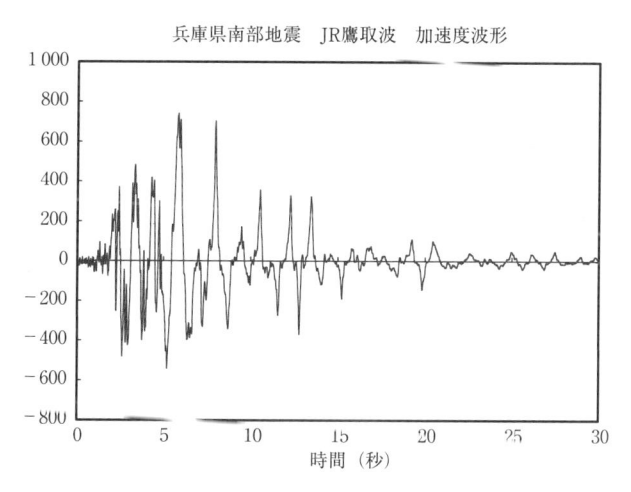

図-3.3.3　兵庫県南部地震で観測された記録（JR鷹取駅）

このように，構造物の安全性を考える上では，地面の揺れの評価が重要です。その評価方法には，ある地震を想定してその地震が生じた時の地面の揺れを地図にしたシナリオ地震による地震動予測地図と，複数の地震を考慮して確率論的に地震発生を扱った確率論的地震動予測地図があり，それぞれ，異なる特徴があります。

3.3.2 シナリオ地震による地震動予測地図

（1） 要注意地震の選定

近い将来発生する可能性が高くて大きな地震動を周辺に生じさせると考えられる地震や活断層には，とくに注意を払わなければなりません。このような要注意の地震を，過去の地震記録や詳細な調査に基づき選定することがまず大事です。

（2） 地震（震源）の設定

ひずみエネルギーがかなり蓄積され今にもエネルギーの解放が予想されている要注意地震や活断層を対象に，それらの特性に基づいて，震源モデルを設定して，それらが生じた時の周辺の地震動分布を予測することをシナリオ地震による地震動予測といいます。

この手法では，地震の規模（マグニチュード），地震の源である断層の破壊様

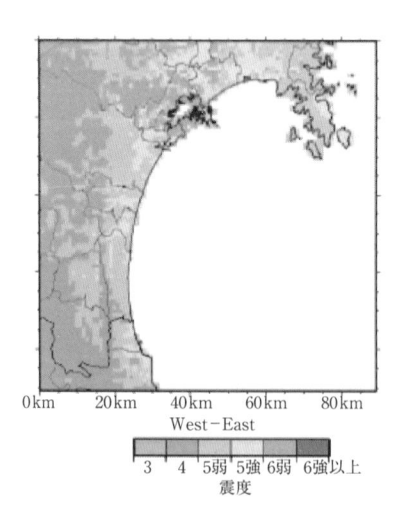

図-3.3.4　宮城県沖地震による震度分布（ケース A2，単独）

式，等々のいろいろな特性について，ある筋書き（シナリオ）を立ててモデルを構築し，地震動を予測することから，「シナリオ地震による地震動予測」と呼びます。採用した筋書きは正確なものである必要があります。しかし，地中深い震源の特性を直接的に測定できるわけではありません。そこで，過去の地震を詳細に分析した成果や知見に基づいて震源の特性を推定し，信頼性の高いシナリオを設定することになります。

図-3.3.4は，宮城県沖地震が生じた時の地震動予測地図です。この地域は過去に何度も同じような地震が繰り返し生じてきた所で，次の地震も近い将来高い確率で起こると予想されている要注意地震の一つです。

（3）　地震波の伝播

震源の破壊エネルギは周辺の地盤に地震波となって伝わっていきます。震源近傍では当然大きなエネルギですから大きな揺れが観測されますが，震源から離れた場所ではエネルギは2次元的に四方八方に拡散してゆきますので小さな揺れになります。これは池に小石を投げて，波面が2次元的に広がってゆく現象に似ています。震源から遠くなるほど地面の揺れが小さくなる効果を過去の観測データに基づいて経験的に近似した予測式が提案されています。この予測式は一般的に震源と観測地点の距離，地震の規模などの関数となっており，簡便に対象地点の地面の揺れを推定することができます。

シナリオ地震に対して各地の地震動分布を予測するために，上記の予測式を用いる簡便法ともっと精緻なモデルを使って評価する詳細法が推進本部のプロジェクトでは使用されました。後者の方法は断層モデルによる方法と呼ばれ，各地の地面の揺れの波形が求められます。

以上，シナリオ地震による地震動予測地図の特徴を整理すると以下のようになります。

① 震源（あるいは活断層）破壊のシナリオを設定し，その条件下で地震が起こるとした時の各地の地面の揺れを表す地図である。
② 震源から対象地点の揺れを予測するには，簡便な方法と詳細な方法がある。
③ ひとつのシナリオに対して一枚の地図が作成される。

要注意地震が設定したシナリオ通りに起きた場合の地図が作成されるので，そ

の地震の起こりやすさ，すなわち，100年に1回，あるいは1000年に1回といった発生頻度の情報は考慮されません。また，同じ地震でも震源の破壊の仕方が異なるシナリオを複数設定した場合には，シナリオの数と同数の地図ができることになります。

さらに注意することとして，将来起きる地震は要注意地震だけではないことは過去の事例が示しています。地震は予想していない場所でも起きる可能性があり，要注意地震以外の地震や活断層を今後どのように扱えばよいのでしょうか。これについては次節の確率的な扱いが大いに参考になります。

3.3.3 確率論的地震動予測地図（地震ハザードマップ）

（1） 対象とする地震

地震は図-3.3.1に示すように地域性があるものの，至る所で発生します。発生地域が限定されているものから，地震の起きる場所が特定できないものまであります。過去に地震が起きていない場所にも地震は発生することがあります。このように地震の発生場所は未知ですが，図-3.3.1に示すように過去の地震の発生傾向から地震が起こりやすい場所，起こりにくい場所をある程度特定することができます。

（2） 地震の発生頻度の考慮

過去の地震データを分析してみると，同じ規模の地震がほぼ一定間隔で発生している地域もあれば，平均して1万年に一度起こるような地震もありますし，活断層の詳細な調査から平均して5万年に一度，ある規模の地震を引き起こす活断層などがあります。このような地震や活断層のいろいろな種類の情報をすべて活用して，将来の地震動の予測を実施する必要があります。

先に示したシナリオ型の地震動予測地図では，ある規模の地震がどこかで起きたとして，その後の地面の揺れの分布を表していました。そのシナリオが100年に平均1回の出来事なのか，1万年に1回の出来事なのかは問いません。

しかし，確率論的地震動予測地図においては，地震の発生頻度をうまく考慮に入れて地図を作成しています。

（3） 地震動の評価

　確率論的なアプローチでは，いったん，地震の発生場所，発生時点の取扱いができれば，あとは，シナリオ地震の場合と同様に地震動の評価を行います。多数の地震を考慮に入れますので，地震動の予測は簡便法を用いて地面の揺れを推定することが一般的です。ただし，簡便法においても地震規模と震源からの距離が与えられても，地面の揺れの予測には評価誤差があるためそれも考慮に入れています。

（4） 確率論的地震動曲線（地震ハザード曲線）

　地面の揺れを評価する地点において，周辺に考えられるすべての地震を考慮に入れて，その発生場所，発生頻度および各地震から対象地点での地面の揺れを評価して，それらをすべて加味して地面の揺れが，指定した大きさ I を超える頻度（超過頻度）$N(I)$ を計算します。そして，この $N(I)$-I の関係を地震ハザード曲線と呼びます。この超過頻度を確率に読み替えますと，1年間に少なくとも1回，ある大きさの震度 I を超える確率 $P(I)$（超過確率（付録A参照））の関係 $P(I)$-I も地震ハザード曲線と呼びます。この図を描いてみると図-3.3.5のように，右下がりの曲線となり，大きな地面の揺れになる確率は相対的に小さくなることがわかります。

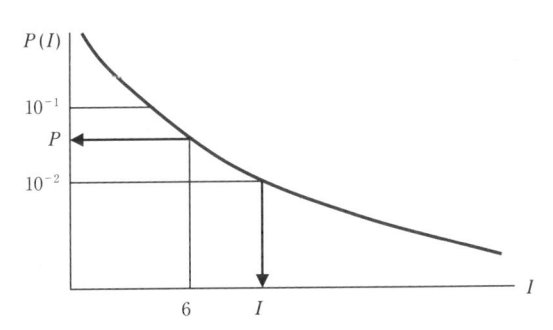

図-3.3.5　確率論的地震ハザード曲線

　図-3.3.5は，揺れを評価する対象地点における曲線で，例えば，震度6弱以上となる確率を求めたい時，あるいは，逆に，超過確率が百分の1となる時の地面の揺れの大きさを予測することができます。どちらか一方を固定しておいて，他の量の大きさを地図上の複数の地点で評価しておけば，それらの量の大きさに関

して地図上に等高線を描くことができます。これを確率論的地震動予測地図といいます。図-3.3.6, 3.3.7は, 本州地域を対象に, それぞれ, 今後30年以内の超過確率が3%に対応する地表の震度に関する地図, 今後30年以内に震度6弱以上の地震動が発生する確率に関する地図を表しています。

このように確率論的地震動予測地図は, 図-3.3.5に示すように地面の揺れの大きさと超過確率の関係を表していますので, 地面の揺れの大きさの確率分布と同

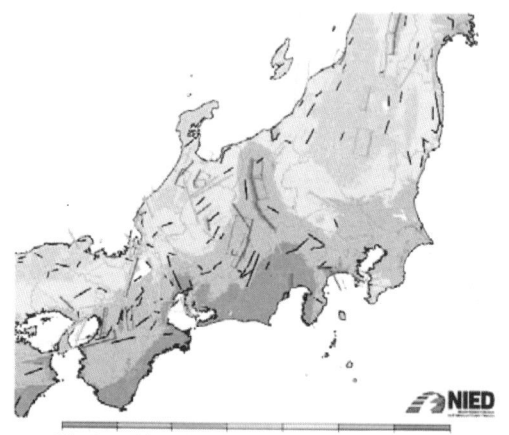

震度2以下 震度3 震度4 震度5弱 震度5強 震度6弱 震度6強以上

図-3.3.6 今後30年以内の超過確率3%に対応する地表の震度

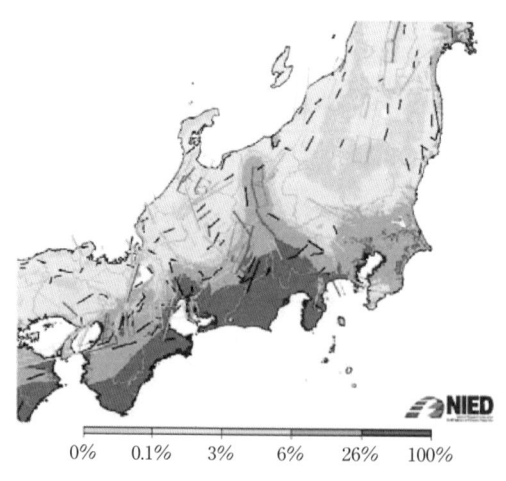

0%　0.1%　3%　6%　26%　100%

図-3.3.7 今後30年以内に震度6弱以上の地震動が発生する確率

じものと考えられます。そうなれば，3.4節に示す建物の被害率曲線と合わせて，3.1節の建築物の耐震性能の評価や，3.5節の原子力発電所の地震リスク評価にも利用できます。

参考文献
1) 鶴岡 弘：地震カタログデータベースの紹介，地震研究所広報，No. 22 (1998.9)，http://wwweic.eri.u-tokyo.ac.jp/db/index-j.html
2) 地震調査研究推進本部，http://www.jishin.go.jp/main/
3) 防災科学技術研究所，地震ハザードステーション，http://www.j-shis.bosai.go.jp/

3.4 建物の被害率曲線

Key Word 累積分布関数

　2003年5月に内閣府の中央防災会議から出された「東海地震対策専門調査会」報告によると，東海地震の発生により約8 000～1万人に及ぶ人命が失われるおそれがあることや，建物全壊棟数が約23万～26万棟にのぼること等の推計がなされています。

　地震の揺れにより全壊する建物数の推計には，被害率曲線と呼ばれるものが利用されています。

3.4.1 被害率曲線

　被害率曲線は，計測震度や最大地動速度等といった地震動の強さと，その地震動を受けた建物が被害（例えば全壊）を被る可能性との関係を示したもので，建物種別ごとの総戸数に対して実際に被害を受けた建物の戸数の割合に基づいて評価したものです。図-3.4.1は，兵庫県南部地震等の過去に起こった被害地震の調査で得られた結果を滑らかな曲線で結んだものです。

　過去の地震被害事例より被害率曲線を作成するためには，建物が壊れたか壊れなかったかという情報の他に，建物が建っていた地点における地震動の強さを推定する必要があります。また，建物の種類（木造建物，非木造建物）や年代により地震に対する建物の揺れの大きさが異なるため，それらを区別して情報を整理する必要があります。このようにして分類整理されたデータをもとに，ある地震動の強さの範囲でどの程度の割合で建物が壊れたかを計算し，被害率として図に描いていくことにより，被害率曲線が求まります。

　図-3.4.1に木造建物の被害率曲線の例[1]を示します。ここで，「被害」とは，「大破＋倒壊」に相当する「全壊」を指すこととします。また，大破は建物が大きく傾き，修復不能な状態あるいは倒壊したもの，取り壊し，または大規模な全面的補強工事を必要とし，そのままでは住めない状況の被害としています。一般に曲

線は，対数正規分布の累積分布関数（付録 A 参照）で表されます．図の横軸は，木造建物の被害と相関の高いといわれている最大地動速度で示されています．図より，地震動が小さい時は建物が被害を受ける可能性も小さく，地震動が大きくなると被害を受ける可能性も高くなっていくことが読み取れます．

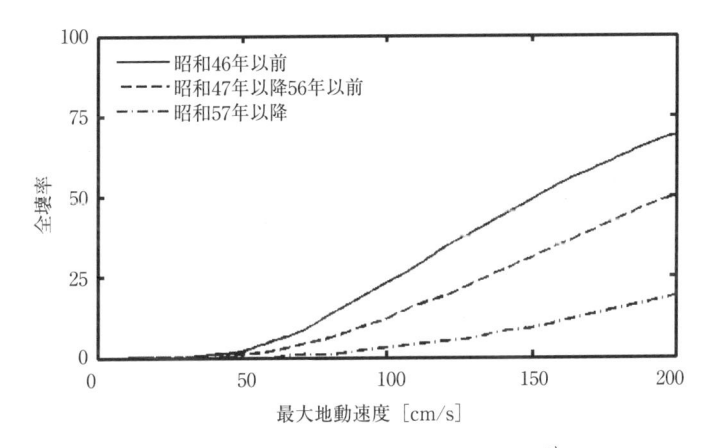

図-3.4.1　木造建物の被害率曲線の例[2)]

3.4.2 被害率曲線の利用方法

被害率曲線は，将来発生すると予想される地震によって被害を受ける建物の棟数を推計するために用いることができます．推計に際しては，建物が建っている地点における地震動の強さを推定する必要があります．地震動の強さは，過去の地震の観測結果より求められた経験式や，解析によって推定することができます．地震動の強さがわかると，被害率曲線より該当する地震動強さにおける建物の被害率を求め，それに建物の数を掛け合わせることにより，全壊棟数が求まります．被害率曲線は，建物の種類や建築年代によって異なり，地震動強さは建設地点によって異なりますので，それらをケース分けして各分類における被害棟数を求め，総計することにより，全体の数を推計することができます．

例えば，**図-3.4.2** のような全壊に対する被害率曲線が与えられているとします．地震動の強さ A2 の地域では全壊の割合は 20%，A3 の地域では 60% とします．**図-3.4.2** に示すように地震動の強さ A2 の地域では 10 棟，A3 の地域では 20

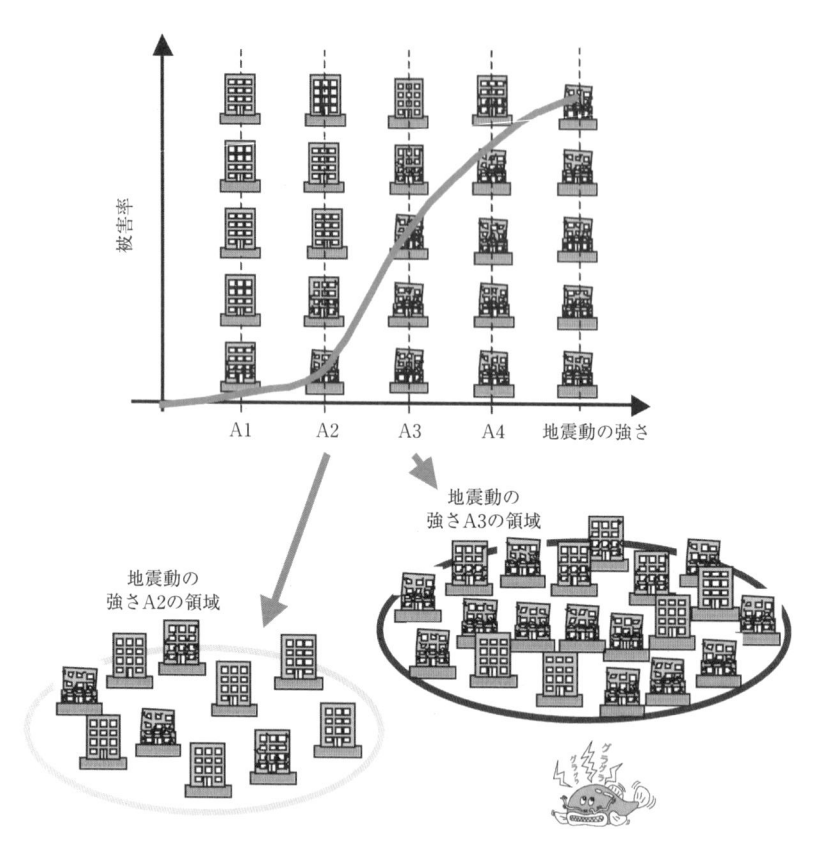

図-3.4.2　全壊棟数の推計例

棟の，合計30棟の建物があるとすると，全壊棟数は以下の式で求められます。

　　　全壊棟数 = 10 × 0.2 + 20 × 0.6
　　　　　　 = 14 棟

　同様にして，東海地震により被害を受けると想定される地域内の建物の種類と棟数の情報に，地震動強さの推定結果を合わせて予測した結果，約23万〜26万棟という数字が算出されました。

　また，3.3節の地震ハザード解析によって求まった曲線と合わせることにより，将来，地震によって建物が壊れる確率を算定することができます。

参考文献
1) 長谷川浩一,翠川三郎,松岡昌志:地域メッシュ統計を利用した広域での木造建築物群の震害予測-その2 建築年代別木造建築物の被害関数の作成と震害予測例-,日本建築学会構造系論文集 第505号,53-59（1998.3）
2) 国土庁:地震被害想定支援マニュアル,木造建築物全焼率の表 http://www.bousai.go.jp/manual/b-5.htm（2001.10）

3.5 原子力発電所の地震リスク

Key Word: 地震PSA / 地震ハザード解析 / フラジリティ解析 / システム解析

　原子力発電所などの原子力関連施設は何重もの安全システムによってその安全性が確保されていますが，万一事故が発生した場合は施設周辺に甚大な影響を及ぼす可能性があるため，早くからリスク評価の対象として研究されていました。ここでは大規模なシステムに対するリスク評価の例として，原子力発電所に対する地震リスク評価の一端を紹介します。

3.5.1 原子力発電所の地震PSA（Probabilistic Safety Assessment）

　原子力発電所の安全性をリスクの観点で定量的に評価した最初の研究は1975年に公表された米国の原子炉安全研究[1]で，原子力発電所に対するリスク評価結果を他の災害によるリスクと比較しています（図-3.5.1）。この評価結果は公表された当時議論を呼びましたが，その後，米国ではスリーマイルアイランド原子力発電所の事故を契機としてリスク評価手法に関する研究が盛んになり，その成果が「確率論的安全評価（Probabilistic Safety Assessment，PSA）」手法として体系的に取りまとめられるようになりました。

　原子力発電所のPSAでは，あらゆる事故を想定し，その「発生頻度」と「影響の大きさ」から事故の「リスク」を定量的に評価します。

> 事故の「リスク」＝「発生頻度」×「影響の大きさ」

　この「リスク」の表現は2章で紹介したさまざまなリスクの表現と基本的には同じ概念で，発生頻度が低くても影響の大きい事故はリスクが大きくなります。原子力発電所では，この評価を行うことにより発電所の安全性のレベルを把握するとともに，安全性に影響する因子を明確にすることができますが，評価上参照可能な過去の事故事例がほとんど存在しないため，主に解析に基づく評価を行っ

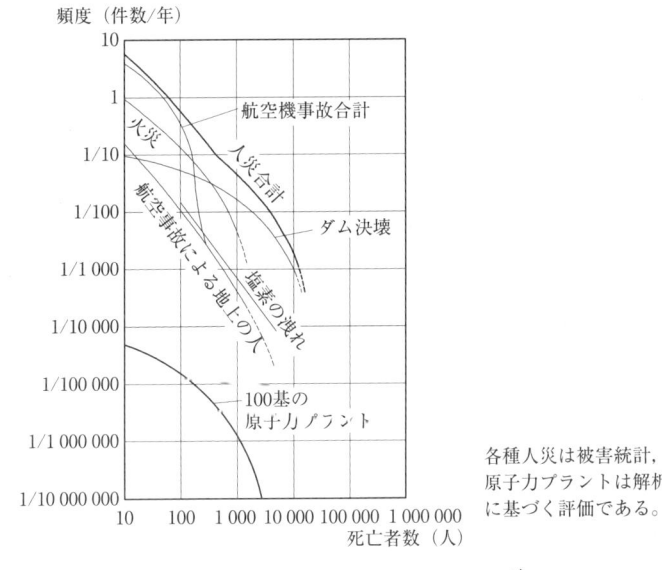

3.5.1　原子力発電所の地震 PSA（Probabilistic Safety Assessment）

図-3.5.1　原子力発電所のリスク[1]

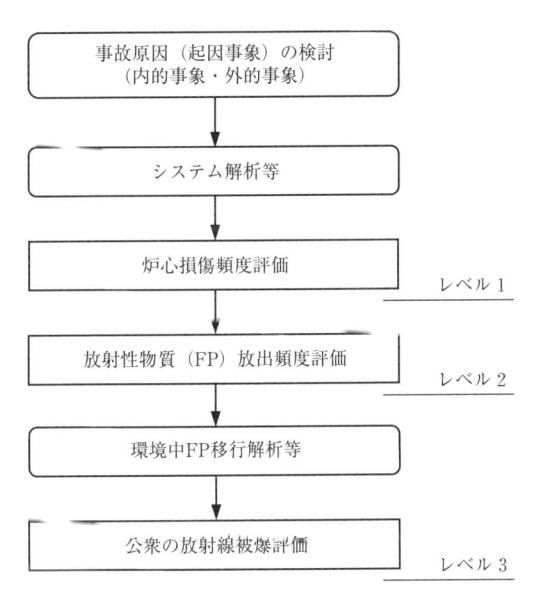

（グラフ説明文字：頻度（件数/年）、死亡者数（人）、航空機事故合計、人災合計、火災、航空事故による地上の人、ダム決壊、塩素の漏れ、100基の原子力プラント）

各種人災は被害統計，原子力プラントは解析に基づく評価である。

```
事故原因（起因事象）の検討
（内的事象・外的事象）
          ↓
      システム解析等
          ↓
     炉心損傷頻度評価           ──── レベル1
          ↓
  放射性物質（FP）放出頻度評価   ──── レベル2
          ↓
     環境中FP移行解析等
          ↓
     公衆の放射線被爆評価        ──── レベル3
```

図-3.5.2　原子力発電所の PSA 手順

—73—

ていることが特徴のひとつです。

　原子力発電所を対象とするPSAの場合、考慮する「影響の大きさ」の範囲によって図-3.5.2に示す3段階の評価レベルが存在します。狭義には放射線被ばくによる健康被害を対象とするレベル3のみがリスク評価となりますが、一般には原子力発電所の心臓部にあたる原子炉が損傷する頻度（炉心損傷頻度：Core Damage Frequency, CDF）を評価対象とするレベル1評価が行われています。なお、事故の原因となる起因事象は、機器故障、操作ミスなどの原子力発電システム内の要因を対象とした内的事象と、地震、洪水、火災などの外的要因を対象とした外的事象に区分されますが、これらすべての事象の中でとくに影響が大きいと考えられている起因事象が地震です。地震を対象としたPSAをとくに地震PSAと呼んでいますが、地震国である日本においては、この評価が非常に重要なものとなっています。

3.5.2　地震PSAにおける3種類の解析

　炉心損傷頻度の評価を対象とするレベル1地震PSAの場合、地震発生から原子炉の損傷に至る一連の解析を確率論的に取扱いますが、これらの解析は大きく以下の3つに区分されています。

① 地震ハザード解析：原子力発電所サイトに将来発生すると考えられる地震動強さの評価（3.3節参照）。
② フラジリティ解析：原子力発電所の建物や機器・設備に対する地震時の損傷可能性評価（3.4節参照）。
③ システム解析：地震発生から原子炉の損傷に至るまでのシナリオ分析と炉心損傷頻度の評価。地震ハザード解析結果とフラジリティ解析結果を入力データとして用いる。

　このうち、他のリスク評価では例のない大規模なシステム解析を実施することが、原子力発電所のリスク評価の特徴です。一例として、地震による配管破断事故発生後に想定されるシナリオとその発生確率評価を単純化したシステム解析モデルを図-3.5.3に示します。図-3.5.3はイベントツリー・モデルと呼ばれるもので、起因となる事故が発生した後に、どのように事故が進展して最終状態に至るかの筋書き（シナリオ）を表現しています。各分岐点の発生確率がわかれば、各シナリオの発生確率を評価することができますが、実際のシステム解析では膨大

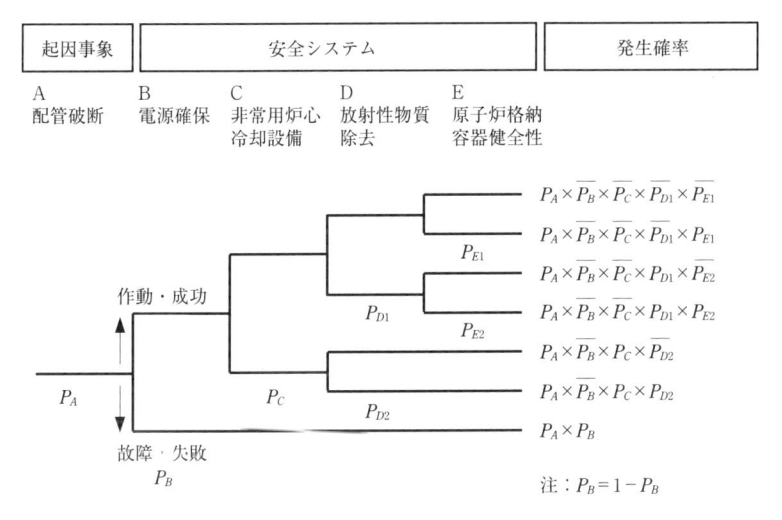

図-3.5.3　システム解析モデルの例

- P_A〜P_Eはそれぞれの機器・操作が故障・失敗する確率。
- $\overline{P_A}$〜$\overline{P_E}$はそれぞれの機器・操作が作動・成功する確率。
- 上記の例では最終的に7種類のシナリオが想定されていますが，各シナリオの発生確率はP_A〜P_Eを用いて評価することができます。

な数のシナリオが考慮され，最終的なリスクが評価されています。

3.5.3　地震PSAの実施例

　米国カリフォルニア州太平洋沿岸に位置するディアブロキャニオン原子力発電所（Diablo Canyon Power Plant，PG&E社所有，**図-3.5.4**参照）では，サイト近傍に存在するHosgri断層で発生する可能性が懸念された地震に対する影響評価に関連して，米国原子力規制委員会から運転許可の条件として地震PSAの実施を要求されました。この要求に応えるため，PG&E社は社内外の多数の技術者を組織し，詳細な地震PSAを実施しています。

　この地震PSAでは，カリフォルニア州太平洋沿岸の広範な地質学的調査を始めとして，地震ハザード解析，フラジリティ解析，システム解析などの膨大な検討を実施して，地震に対する発電所の安全性を評価しました。評価の結果，サイトの地震ハザードはHosgri断層が支配的であり，原子炉の損傷に最も影響があるのはタービン建屋（原子炉の安全停止にかかわる重要な機器が設置されている

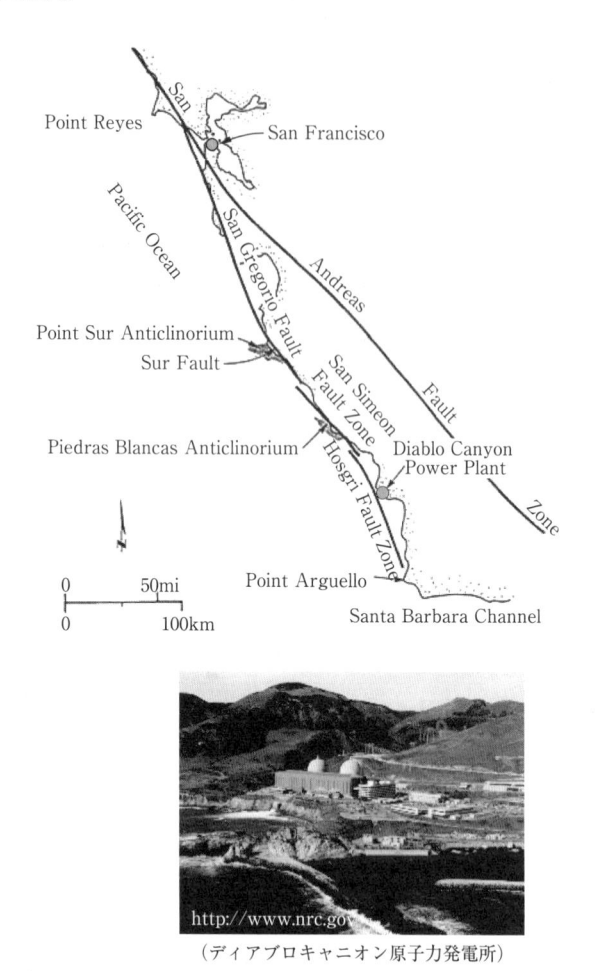

図-3.5.4 ディアブロキャニオン原子力発電所と周辺の活断層[2]

建物）の損傷であると評価されています。また，図-3.5.5に示すように炉心損傷頻度の評価結果は確率分布として表され，地震を起因事象とした平均炉心損傷頻度（3.7×10^{-5}/年）は他の起因事象による炉心損傷頻度と比較してとくに高い値とはなっておらず，同型式の他の原子力発電所との比較においても適切な耐震性を有しているものと判断されています。

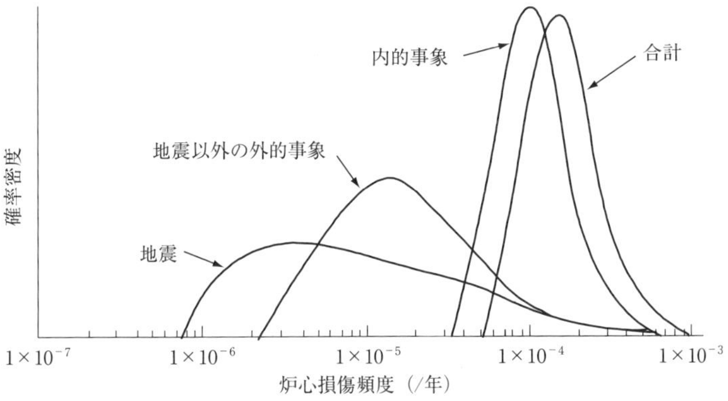

起因事象	炉心損傷頻度（/年）			
	5%非超過値	50%非超過値(中央値)	平均値	95%非超過値
地　　震	9.3×10^{-7}	6.2×10^{-6}	3.7×10^{-5}	1.1×10^{-4}
内的事象	5.2×10^{-5}	1.3×10^{-4}	1.3×10^{-4}	2.3×10^{-4}
地震以外の外的事象	4.1×10^{-6}	1.5×10^{-5}	3.9×10^{-5}	1.0×10^{-4}
合　　計	7.7×10^{-5}	1.5×10^{-4}	2.0×10^{-4}	4.0×10^{-4}

注）非超過値については付録A参照。

図-3.5.5　ディアブロキャニオン原子力発電所 炉心損傷頻度評価結果 [2)]

参考文献

1) 米国原子力規制委員会：原子炉安全研究（WASH-1400）(1975)
2) PG&E：Final Report of the Diablo Canyon Long Term Seismic Program（1988）

3.6 室内環境リスク

Key Word: 確率分布　発症リスク　規制の効果

1980年代頃より，建物の高気密化や，使用されている建材や内装材から放出される化学物質が原因で，居住者が体調不良を訴える事例が報告されはじめ，1990年代には社会問題となっていました。この化学物質の一つにホルムアルデヒドがあります。

ホルムアルデヒドは，新築の家やビルの建材に使われた接着剤，プラスチックなどから放散され，これを吸い込んだ人に頭痛・吐き気・思考力低下など広範囲な症状を引き起こすことが知られており，シックハウス症候群の原因物質と考えられています。また，人体の遺伝子に影響を与えるとともに，強い発ガン性があると言われています。さらに，喘息，アトピーの原因物質であることから，室内環境の最大・最悪の汚染物質ともいわれています。

本節では，住宅のホルムアルデヒドによる病気の発現リスク（発症リスク）と規制の効果について，発症の個人差を考慮しながら確率的に考えてみます。

3.6.1 発症の個人差

これまでの有害物質の規制では，基準値以上であるか以下であるかが問題にされますが，基準値を下回っていても，人によって，発症する場合があることがわかってきています。

有害物質による病気の発現リスクには個人差があります。個人差とは，人の集団の中には有害物質に対して敏感な人もいれば鈍感な人もいることをいいます。子供やアレルギーに弱い人は低い濃度でも発症しやすくなりますので，敏感といえます。また，有害物質を摂取する量が多い人もいれば少ない人もいます。すなわち，病気を発症するホルムアルデヒドの濃度は，人によってさまざまで，ばらついて分布することになります。

厚生労働省の指針では，ホルムアルデヒド濃度の基準は0.08 ppm以下＊となっ

ています。国土交通省の調査では平成12年度に指針値を越える濃度の住宅の割合は28.7%でしたが，平成15年7月以降に着工した住宅では，1.3%と減っています。これは，改正建築基準法の施行（平成15年）により，ホルムアルデヒドを発散する建材が使用制限されたことと，24時間換気設備の設置義務づけ等の相乗効果だと考えられています。

3.6.2 発症リスク評価の例示

ここでは，図を用いて，シックハウス症候群の発症リスクについて例示します。今，たくさんある家を10軒の家で代表させます。すなわち，1軒が10%の確率密度を有することを示しています。また，同様にたくさんの人を10人で代表することにします。

使用している建材や換気の状況等が異なるため，各家の室内のホルムアルデヒド濃度は，**図-3.6.1**に確率分布（付録A参照）を示すように0.04 ppmが1軒，0.05 ppmが2軒，0.06 ppmが3軒といったように0.04〜0.09 ppmの範囲にありますが，平均値は0.063 ppmと基準値を下回っていると仮定します。一方，10人いても，個人差により，同じ濃度のホルムアルデヒドでもシックハウス症候群を発症する人と，しない人がいますので，発症するホルムアルデヒド濃度が，0.07 ppmの人が1人，0.08 ppmも1人というように，0.07〜0.12 ppmの範囲にいると仮定します。この分布より，発症するホルムアルデヒド濃度の10人の平均を求めると0.97 ppmとなり，平均的には基準値の0.08 ppmよりも大きな値となっています。しかし，個人差により，0.07 ppmでも発症する人がいますので，その発症の確率を調べることは重要なことです。

0.07 ppmの濃度の家でシックハウスを発症する人は，0.08 ppmの濃度の家でも発症しますので，0.08 ppmの家で発症する人の数は，0.07 ppmで発症する人と0.08 ppmで発症する人の人数を合計した2人（20%）となります。同様に0.12 ppmの家では，0.12 ppm以下で発症する人の合計である10人全員（100%）が発症します。このようにある値以下の確率を合計して作成した分布が，累積確率分布といわれるものです。

ここでは，規制前の住宅で，発症する確率（リスク）を求めてみます。ホルムアルデヒドの濃度が0.07 ppmの家（2軒：20%）で発症する人は1人（10%），

---

* 1ppm：濃度の単位で，100万分の1（0.0001%）を表します。

0.08 ppm の家（1 軒：10%）では 0.07 ppm で発症する人と 0.08 ppm で発症する人を合わせた 2 人（20%）が発症する事になります。同様に，0.09 ppm の家（1 軒：10%）では 0.09 ppm 以下で発症する人の合計である 4 人（40%）となります。これを式で書くと以下のようになります。

発症リスク = 0.2 × 0.1 + 0.1 × 0.2 + 0.1 × 0.4 = 8%

次に，室内のホルムアルデヒド濃度に関する規制の導入または強化により，規制前より全体的に室内濃度が 0.01 ppm 下がり，基準値を越える住宅がなくなっ

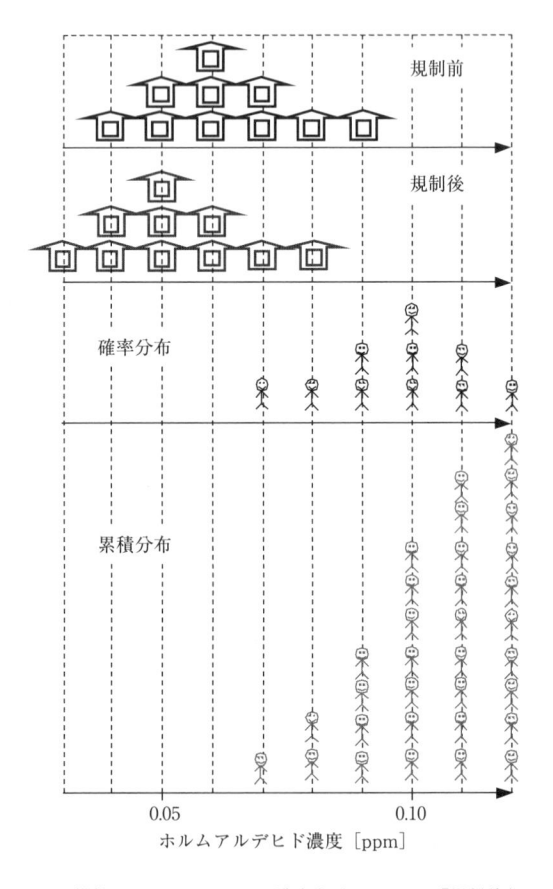

図の縦軸は確率を示し，横軸はホルムアルデヒド濃度を示している。「規制前」は，規制前の室内のホルムアルデヒド濃度の確率分布を示し，「規制後」は，規制導入により室内のホルムアルデヒド濃度が抑制され確率分布が全体的に左側（低い側）に移動した様子を示している。

図-3.6.1　ホルムアルデヒドの屋内濃度と人の感受性の分布

たと仮定します。確率分布は左側に 0.01 ppm づつ移動するとします。これにより，室内濃度の平均値は 0.63 ppm から 0.53 ppm へ下がります。人の感受性は規制の前後で変わらないとしますと，この時の発症リスクは，以下のように計算できます。

$$発症リスク = 0.1 \times 0.1 + 0.1 \times 0.2 = 3\%$$

このように，規制によりホルムアルデヒドの濃度を 0.01 ppm 低くおさえるだけで，発症リスクを 8% から 3% に抑えられることがわかります。

3.6.3 まとめ

確率を用いると，住宅のホルムアルデヒドの濃度と，個人差を考えた上で，シックハウス症候群の発症リスクや規制の効果を評価することができます。また，住宅のホルムアルデヒド濃度と個人差の確率分布を調査することにより，基準値をどこに設定すれば発症リスクをこの程度に抑えることができる等の検討を行う事が可能となります。

3.7 システムのリスク

Key Word: システム　信頼度　直列　並列

　ある事象に対するリスクを評価する際には，その事象を構成する個々の要素の状態を考えなければならない場合があります。

　例えば，ある商品の品質検査をAさんとBさんがダブルチェックする場合，2人とも見落としをしない限り不良品は出ません。一方，CさんとDさんが緊急連絡網の伝達役である場合，2人の内いずれか一方でも正確に伝達できなければ，連絡はうまくいきません。ここでは，不良品が出るという事象は「Aさんが失敗（見落とし）」と「Bさんが失敗」という二つの要素の状態から構成されており，連絡がうまく伝わるという事象は「Cさんが成功（正確に伝達）」と「Dさんが成功」という二つの要素の状態から構成されています。このように，リスクの評価では，その事象を構成する複数の要素の状態および要素間の関係を考慮しなければならない場合があります。このような複数の要素で構成されるものをシステムと呼びます。ここではいくつかの事例を通して，「システム」の紹介をします。

3.7.1　直列システムと並列システム

　システムは複数の要素から構成されているので，システムの性能を評価するには，システムを構成する要素間の関係を知らなければなりません。まず，簡単な例として，図-3.7.1に示す電気回路を考えます。回路(a)には電球Aのみが接続され，当然ながら，電球Aが切れると，灯りが消えます。この時，灯りが点いている確率（回路の信頼度）は電球Aが健全である確率（電球Aの信頼度）のみに依ります。

　回路(b)と回路(c)には電球Aと電球Bが接続され，二つの要素で構成されているシステムとなっています。システムの信頼度は電球Aと電球Bの両方の信頼度に依ります。

　回路(b)では，電球Aと電球Bの内どちらか一方でも切れると，灯りが消えて

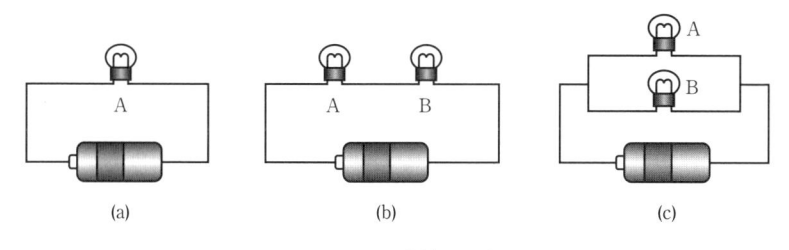

図-3.7.1　電気回路

しまいます。このようにシステムを構成するあらゆる要素の内少なくとも一つが機能を失ってしまうと，システム全体が機能を失ってしまうシステムを直列システムといいます。前述の緊急連絡網の例では，CさんとDさんが両方とも正確に伝えない限り，連絡が正確に伝えられません。この緊急連絡網をシステムと考えると，これは，「Cさん」と「Dさん」という二つの要素から構成される直列システムとなります。

　鉄筋コンクリート部材は鉄筋，セメントと骨材のいずれの在庫がなくなっても製作できないので，鉄筋コンクリート部材を製作できるという事象は鉄筋，セメント，骨材それぞれの在庫状況という三つの要素から構成される直列システムになります。

　一般に直列システムは**図-3.7.2**のように示されます。**図-3.7.2(a)**は事象E_1とE_2の二つの要素で構成される直列システムを示しており，**図-3.7.2(b)**は事象E_1からE_nまでのn個の要素で構成される直列システムを示しています。これらの要素の内少なくとも一つが機能を失ってしまうとシステム全体が機能を失ってしまいます。

　図-3.7.1の回路(c)では，電球Aと電球Bとどちらか一方でも切れていなければ，灯りは消えることなく，真っ暗になりません。このようにシステムを構成するすべての要素が機能を失わない限り，システムの機能が（低下するかもしれま

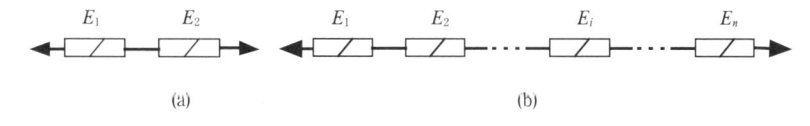

図-3.7.2　直列システム

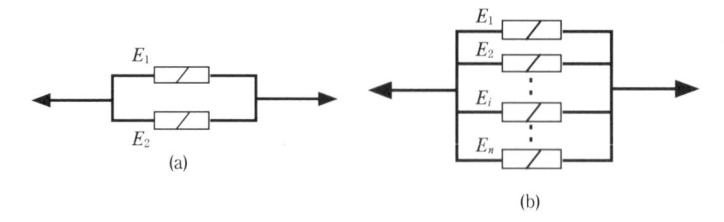

図-3.7.3 並列システム

せんが）失われないようなシステムを並列システムといいます。前述のある商品の品質検査のダブルチェックの例では，AさんとBさんが両方とも見落としない限り，不良品が出ないので，不良品が出ないという事象は「Aさん」と「Bさん」という二つの要素から構成される並列システムとなります。最近では，多くの家庭で玄関の鍵を二重にしていますが，泥棒が侵入するためには二つの鍵を両方とも壊さなければならず，並列システムになります。

一般に並列システムは図-3.7.3のように示されます。図-3.7.3(a)は事象E_1とE_2の二つの要素で構成される並列システムを示しており，図-3.7.3(b)は事象E_1からE_nまでのn個の要素で構成される並列システムを示しています。これらの要素のすべてが機能を失わない限り，システムの機能が失われません。

大きなシステムでは，直列システムと並列システムの組み合わせで構成される場合もあります。図-3.7.4(a)に示す回路では電球Aと電球Cで構成される直列システムは電球Bと並列につながっており，複合システムになっています。前述の鉄筋コンクリート部材の例では，鉄筋，セメント，骨材の在庫という三つの要素から構成される直列システムになりますが，セメントが品切れしないようにするため，A社とB社の二つの供給先を確保することとします。このとき，セ

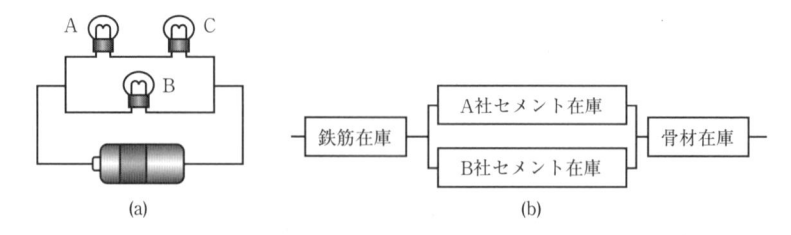

図-3.7.4　複合システム

メントが品切れしないという要素の状態はA社のセメント在庫とB社のセメント在庫という二つの要素から構成される並列システムになり、鉄筋コンクリート部材を製作できるという事象は図-3.7.4(b)に示すような複合システムになります。

3.7.2 さまざまなシステム

世の中には、前述のように複数の要素で構成される大きなシステムが数多く存在しています。

図-3.7.5に示す家庭太陽光発電システムにおいては、太陽光発電と電力会社の給電は家庭の屋内回路に対して並列になっており、両方同時に故障しない限り家庭への給電は保証されています。ただし、太陽光発電の回路は太陽電池モジュール、接続箱、交流変換器および3路遮断器の四つの要素から構成される直列システムで、この四つの要素の一つでも故障すると、太陽光発電の機能が失われます。

3.5節に述べた原子力発電所は大規模なシステムの典型的な例です。3.5節の

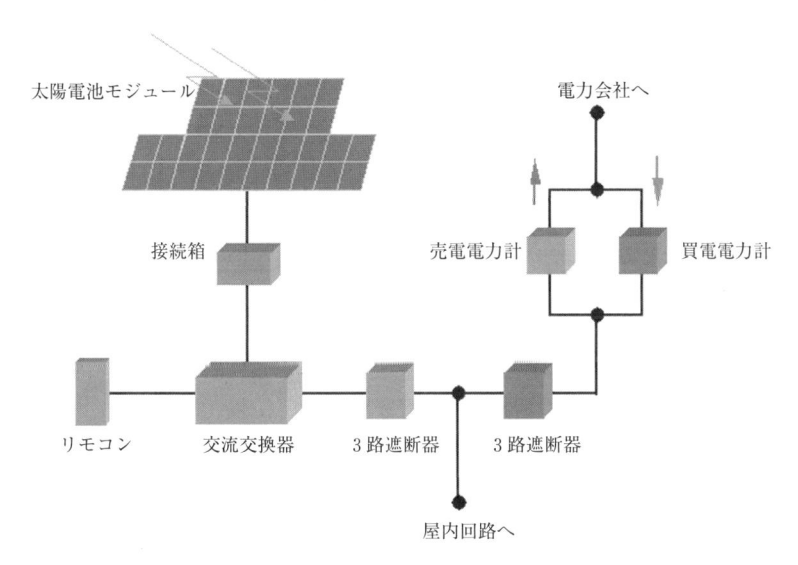

図-3.7.5 家庭太陽光発電システム
（http://hccweb5.bai.ne.jp/ja3pbp/solar/s_diag.html をもとに作成）

図-3.7.6　送電システム（http://www.geocities.jp/toolbiru/p-keitou-cyubu.gif）

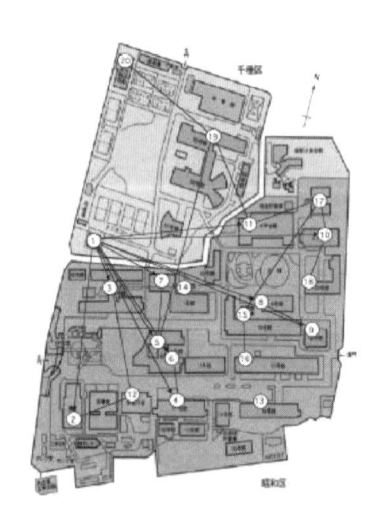

図-3.7.7　某大学キャンパス内の配電システム

図-3.5.3で示したイベントツリー・モデルは一種のシステム解析モデルで，構成要素の状態の評価が最終的な結果に明らかに大きく影響しています。

図-3.7.6と図-3.7.7は，それぞれ大規模送電ネットワークと小規模配電システムの例を示したものです。いずれも二種類の基本的な構成要素，すなわち，ステーションおよび送電ラインを含んでおり，これらの要素の状態は全体的なシステムの健全性に大きくかかわっており，システムの構成によってステーションおよび送電ラインの障害がシステム全体のリスクに大きな影響を及ぼすことがあります。約139万世帯に影響を及ぼした2006年8月の東京大停電は一本だけの送電ラインが切断されたことによって生じた出来事で，一つのステーションのみの故障により約5000万人に影響を与えた2003年8月の北米大停電のような広域災害になることもあり得ます。

以上のように，システムのリスクや安全性を評価するとき，一つの事象そのもののリスクを考慮するだけでは不十分で，破壊経路の相関性，事故の波及の性質およびシステムの安定性を十分考察する必要があります。

4章
リスクとつきあう

安心して暮らすためには,私たちを取り巻く様々なリスクと上手く付き合うこと,すなわち,上手くマネジメントすることが欠かせません。そのためには,リスクを定量的に評価する一方で,得られる便益や,リスクを低減する方策などを評価し,様々な選択肢の中から最も適切と思われる行動を選択することになります。また,利害関係者が多数存在する場合は,リスクの評価結果を関係者に適切に伝え,相互理解を図ることも極めて重要となってきます。この章では,まず,リスクマネジメントの枠組みやリスクコミュニケーションについて,その基本的概念を解説するとともに,リスクマネジメントの具体的事例を示しています。

4.1 リスクマネジメントの概要

Key Word
- リスクマネジメント
- リスクコミュニケーション

「リスクマネジメント」という言葉は、「災害や事故があったときの緊急対応」と「将来の災害や経済的損失に対する日頃の準備」の2つの意味で使われることがありますが、本書では、前者を危機管理（クライシスマネジメント）として別に考え、後者の意味で使われる「リスクマネジメント」を対象とします。

4.1.1 リスクマネジメントとは

我が国でリスクマネジメントが広く明示的に意識されるようになったのは1990年代、とくに1995年の阪神大震災以後のことですが、そもそも事前に危機を想定して準備をすることは、古来、企業の経営、あるいは日常生活でも当たり前に行われてきたことです。また、例えば建築の構造設計も将来起こるかもしれない地震や風に対して被害がでないように準備するわけですから、一種のリスクマネジメントといえなくもありません。こうして広く考えてゆくと、安全確保を目的とした活動すべてがリスクマネジメントともいえます。しかし、近年、世界各国でリスクマネジメントの重要性が認識され活動が活発になるにつれ、お互いが共通の枠組みや土台をもとに議論ができるように、構成要素の役割と関係について明確な定義が提案されるようになってきました。

例えば、図-4.1.1は比較的早い時期に制定された規格[1]に示されるリスクマネジメントのプロセスの模式図で、その後に制定された各種の規格にも、それぞれ多少の違いはありますが、大筋ではこの内容が継承されています。

図-4.1.1に示す内容を簡単に説明すると以下のようになります。

リスクマネジメントの第一歩は、リスクマネジメントの方針や目標を設定することです。具体的には、例えば、病院では災害時も緊急病院としての機能を維持する、工場では最低○○以上の生産量を確保するといった活動目的や活動範囲を定めます。以下に述べる一連の活動は、この目標や方針に従って定めた関係者や

想定する自然/社会状況などを前提条件として行われるため，目標/方針の設定はリスクマネジメントにおいてもっとも重要なプロセスといえます。

　目標が定まったら，どのようなリスクがあるのかを洗い出すリスク特定を行い，特定されたリスクの大きさを定性的もしくは定量的に測るリスク分析が行われます。リスク特定やリスク分析では，確率・統計論やデータに基づいたさまざまな科学的手法が提案，実施されています。リスク評価とは，リスク分析で測られたリスクのレベルが，リスクマネジメントの目標に対して，受け入れられるものか否かを判定するプロセスです。ここで，受け入れられないと判断されれば，後述するなんらかの対策を考え，実行しなければなりません。また，現況のリスクが受け入れられるレベルであっても，それでリスクマネジメントが終了するわけではありません。リスクマネジメントとは，対象とした活動が続く限り，例えば建物であれば，建物が解体されたり売却されるなどして管理責任がなくなるまで，継続的にリスクレベルや社会・環境の変化を監視し，必要に応じて上述のプロセスを繰り返す一連の活動をさしています。

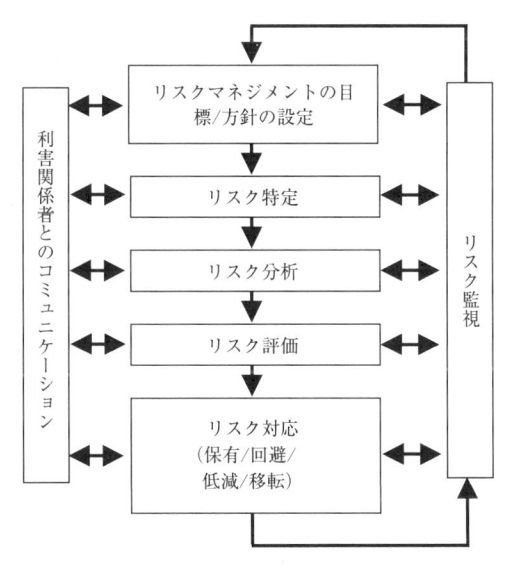

図-4.1.1　リスクマネジメントの流れ

4.1.2 リスクコミュニケーション

リスクマネジメントでは，対象が公共性の高いプロジェクトであるときはもちろんのこと，民間プロジェクトや場合によっては個人的な行動であっても，その活動が社会に影響を及ぼす限り，当事者だけでなく幅広い利害関係者の間でリスク情報の共有を図り（リスクコミュニケーション），意見を調整することが求められています。リスクは確率・統計論といった科学的手法を用いて，客観的に測られるべきものですが，一方で，同じリスクレベルであっても，リスクの種類や人によってもリスクの受け取り方（リスク認知）は必ずしも一定ではありません。心理学や社会学も応用したリスクコミュニケーションは，科学技術と人類の共生を図る社会技術[2]と称されることもあります。本節に続く4.2節で扱うリスクコミュニケーションが今後もますます重要となることは間違いないでしょう。

4.1.3 リスク対応

リスク評価の結果，現況のリスクレベルが受け入れられないと判断された場合，なんらかの対策をたてて実施しなければなりません。当然のことながら対策の具体的な内容はそれぞれの状況によってさまざまですが，図-4.1.2 に示すように，リスク対応には大別して2種類，さらにそれぞれを2つに分けて合計4種類に分類することができます。

リスクコントロールは，リスクそのものを小さくする手段で，「リスクの回避」と「リスクの軽減」があります。

「リスクの回避」は活動そのものをやめることです。例えば，増え続けるゴミの処分として新たな焼却場の建設計画を考えたときに，ダイオキシンの発生を危惧して焼却場の建設を白紙に戻すといったことがこれにあたるかもしれません。この場合，たしかに対象となる活動に関するリスク，つまり大気中にダイオキシンが飛散するリスクは消滅しますが，代替的な活動が行われる（例えば焼却するかわりに埋め立て処分する）ときには，代替活動が別のリスク（有害物質の土中への浸出など）を生じさせる可能性もあります。また活動をやめたことそのものが別のリスクに発展する可能性（処分しきれなくなったゴミがあふれ衛生状態が悪化するなど）にも留意しなければなりません。

「リスクの軽減」は，地震に対して耐震補強を施す，停電に備えて自家発電設

4.1.3 リスク対応

```
┌─ リスクコントロール ──┬─ リスクの回避・予防
│  (リスク発生の未然防止  │
│   ・軽減)            └─ リスクの軽減
│
└─ リスクファイナンス ──┬─ リスクの移転
   (リスク発生の場合の金銭 │  (各種保険等)
    的備え)             └─ リスクの保有
```

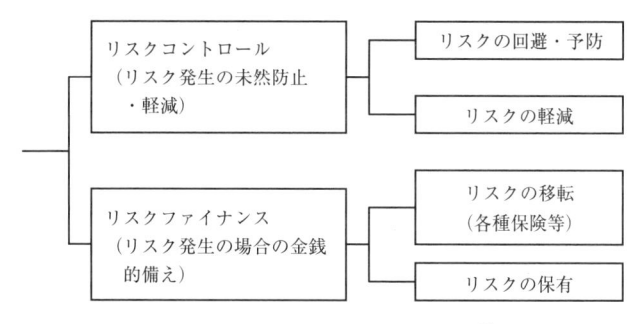

図-4.1.2 リスク対応策の分類[3]

備を設置するといったように，リスク対応では比較的イメージしやすいものと思われますが，これらの対策は一連のリスクマネジメント活動のなかで実際にどのように行われるのでしょうか。

4.3節から4.5節では，建物の耐震問題を題材にリスク対応の具体的な事例を示します。4.3節は身近な問題である自宅の耐震改修，4.4節は行政の視点からみた都市全体の耐震性を促進するための政策決定，4.5節では現在の法規制に適合しない，不適格建物の地震リスクの問題を採り上げました。

ところで「リスクの軽減」は必ずしも物理的な対策である必要はありません。例えば，冒頭にも述べた危機管理計画をたてる，災害訓練を実施するといった組織体制の整備や安全教育なども「リスクの軽減」対策といえるでしょう。また，4.7節で紹介する建物の状態を監視するヘルスモニタリングも一種のリスクの軽減といえます。

一方，「リスクファイナンス」は万が一のときの損失を金銭によって補おうとするもので，対価を支払って他者に補償してもらう「リスクの移転」と自らの資産を取り崩す「リスクの保有」があげられます。「リスクの保有」はもちろんですが，「リスクの移転」でもリスクの引き受け手がかわるだけで，物理的な損失の可能性には変化がないことに注意が必要です。また，人命のように，損失の内容によっては金銭によって補償し難いものがあることを忘れてはなりません。リスクファイナンスの伝統的な手段として「リスクの移転」には保険，「リスクの保有」には災害準備金の積立がありますが，近年，リスク評価技術や金融工学が発達するなかで，さまざまな手段が開発されてきました。4.6節では，これらリスクファイナンスの一例について説明します。

以上，リスク対策について概要を述べましたが，対策を選択するときには必ずしも上記のいずれかを選択するというものではありません。また，ひとつの対策が複数の性質をもつ場合もありますし，複数の対策を組み合わせて実施することもあります。いずれにせよ，対策の選択では，対策ごとにデータと理論，経験的判断などによって，リスク分析，評価を行い，合理的な判断基準に基づき説明性の高いものを選ぶことが重要です。

参考文献

1) Joint Standards Australia/Standards New Zealand Committee：AS/NZS 4360, Risk Management（1999）
2) 日本リスク研究学会編：リスク学事典, TBSブリタニカ（2000）
3) 小林潔：リスク工学と地盤工学　2.リスク工学とは, 土と基礎, 52-4, 43-50（2004.4）

4.2　リスクコミュニケーション

Key Word：アカウンタビリティ　リスク　コミュニケーション

　ここ最近，リスクコミュニケーションという言葉が使われるようになってきました。世の中で安全や安心ということが重要視されるようになってきて，危険を伴うことを始めようとする事業者が地域の行政や住民と情報を共有し，リスクに関するコミュニケーションを行うことが必要になってきています。あるいは狂牛病や残留農薬の問題など，食に関する安全性がおびやかされるようになってきました。国や企業と消費者の間には不信感などの大きな溝があることがわかってきています。こうした溝を小さくするためには，情報を共有し，お互いの意思疎通を図ることが必要で，これをリスクコミュニケーションといいます。

4.2.1　説明性の向上

　建物の持ち主・建築主にとって，建物がもつ安全性のレベルをわかるように表現してもらいたいという気持ちはごく当然のことです。しかし現在の構造設計は，建築主には専門知識がないとわかりにくいものとなっています。また建築基準法では最高の安全性を保証しているわけではなく，最低基準を定めているにすぎません。その水準もまれに起こる大地震に対しては人命を確保することが目標となっています。建物に損傷が生じてもやむを得ないという考え方で，建物が大地震後にそのまま使えるかどうかという機能維持については定められていません。

　建築主はお金を支出し，建築主あるいはその他の人々がその建物の中で生活や執務などを行います。施工者や設計者，行政はそれぞれ職能に応じた責任をとることが必要ですが，生命と財産をあずける器である建物について最終的に責任を有するのは建築主なのです。したがって基準法によって定められている最低基準以上の強さを選ぶかどうかを決定することも建築主の責任です。建築主が自己責任で考えることができるよう，設計者は少なくとも建物の性能についてわかりや

すく説明をする必要（アカウンタビリティ）があります。

　また建築主が支出できる金額には限界があります。だからこそ建物がもつ性能を説明し，納得の上使ってもらうことが必要なのですが，建築主と構造設計者が意思疎通を図り，十分に対話しているかというと，現時点ではそれも不十分です。対話どころか構造性能の説明も十分に説明されていない場合があります。

　とくに大地震に対する性能がきちんと確保されているかを確かめるのは，専門家でも十分にできない場合があります。耐震性能は触ったり見たりすることができない性能です。また地震が起きてからでなくては，できあがった建物の耐震性能を確認することはできません。したがって建物の建設前，設計時に性能とコストの関係をより明確にして，建物の所有者・使用者に建物の性能をしっかりと理解してもらうことが大切です。所有者・使用者が理解して安全な住宅に住む，あるいは安全なオフィスで執務するという要求に対して，その水準を適切に説明することが求められるようになってきました。なお，3.1節に述べた性能設計手法は各性能項目について，より具体的に語ることができると考えられています。

4.2.2　リスクコミュニケーション

　リスクコミュニケーションとは，リスクについての「個人，機関，集団間での情報や意見のやりとりの相互作用的過程」[1]を指します。構造物の安全性能の決定は，建築主がリスクを判断することでもあります。ですから，建築主が適切な意思決定ができるように，設計者は設計内容に関する説明を行わなくてはなりません。またその説明を理解して建築主は自分の意見を表明します。これがリスクコミュニケーションです。

　リスクコミュニケーションは，利害関係者の範囲によって，大きく社会的論争（public debate）と，個人的選択（personal choice）の2つに分けられます。リスクコミュニケーションは，それぞれに応じて適切に行われなければなりません。社会的論争に当てはまるのは，原子力発電所，環境問題などで，多くの人びとの関心を呼び起こし，その問題を公的なルートで解決しなくてはならないようなもののことをいいます。ここでは，広く利害関係者の意見を交換することが重要です。

　個人的選択は，個人が選べるようなリスクで，多くの場合公的な問題にまでは発展しません。個別の建築物のリスクをめぐるコミュニケーションや災害，健

康・医療問題は個人的選択に該当し，個人がリスクについての情報を知らされた上でリスク回避行動をとるかどうかを判断することになります。また法令としてどのような安全性レベルを設定するかについては，個人的選択というよりはむしろ社会的論争に分類されるでしょう。

リスクコミュニケーションについてのよくある誤解は，科学的なリスク評価を伝達する単なる伝達手段と考えること，あるいは情報公開と同一視されることなどです。構造エンジニアからの単なる一方通行の情報伝達は，コミュニケーションとはいえません。双方向の対話が常に成り立っていてはじめてコミュニケーションが成り立つのです。

例えばマンションディベロッパーのAさんとB設計者の対話を考えてみましょう。数字はすべて仮定のものです。

Aさん　今度静岡市X町に建てるマンション物件の耐震安全性は，一般的なものでいいと思うのですが，いくらくらい建設費がかかりますか。

B設計者　性能グレードを建築基準法のレベルとした場合，今発生が懸念されている東海地震が発生すると，この土地では大きな揺れが予想されます。その場合，基準法レベルの耐震設計ではマンションは少なくとも倒壊はせず，人命は守られるようにつくることを目標としていますが，かなりの損傷が発生する可能性があります。

Aさん　大地震後はそのまま住み続けられないということですか？

B設計者　はい，地震後の再使用に関しては慎重な調査が必要です。今おっしゃったグレードで耐震設計すると，今後50年間で建物が倒壊に至らないまでもそれに近い大きな被害が生じる可能性は10%程度になります。またマンションの耐用年数のなかで大地震がたかだか1度発生すると考えて設計しているので，震度6強程度の大地震が発生した場合，損傷が出る可能性は大きいといえます。

Aさん　ということはひょっとすると死亡者も出てしまう危険性があるということですか？

B設計者　建物の設計に100%の安全性を付与することは，現実には不可能です。ですからある程度のリスクがともないます。

Aさん　建築基準法のレベルは十分とはいえないのですか？

B設計者　500年に1度くらいの規模の大地震に対して，倒壊する危険性が○%，

また機能を維持できるかどうかの確率は○%です。例えば，お金をあと1m²あたり2万円くらい骨組のために出すことができれば，設計用の地震の大きさをこのくらい大きくすることができ，2000年に1度くらいの大地震，例えば阪神・淡路大震災級の地震が起きたときも□%の倒壊確率，機能損傷確率△%に減らすことができます。

Aさん コストは2万円ならば，1住戸あたり140万円のコストアップになるだけなので，もう少しグレードを上げてください。

B設計者 わかりました。

Aさん ただし，安全性レベルを上げるからには，どの程度のレベルアップがはかられたのか，マンション購入者にもわかりやすく説明してください。なぜコストが高いのか納得してもらう必要があります。確率の考え方もわかりやすく説明してください。また，免震構造にしたらどうでしょうか？ 値段はどうなりますか。

B設計者 例えば図-4.2.1のような性能の区分けがあります。免震構造にすれば，まれに起こる震度7程度の大地震に対して「人命安全」レベルから，「継続使用可能」レベルに設計目標性能を高めることが可能です。そのためのコストは3万円/m²アップすることになるでしょう。

いかがでしょうか，こんな対話が行われれば，という理想的な例を示しました。マンションディベロッパーがこれほど素直に耐震のためのコストを支払ってくれるかどうかはわかりません。実際にマンションディベロッパーが考える耐震

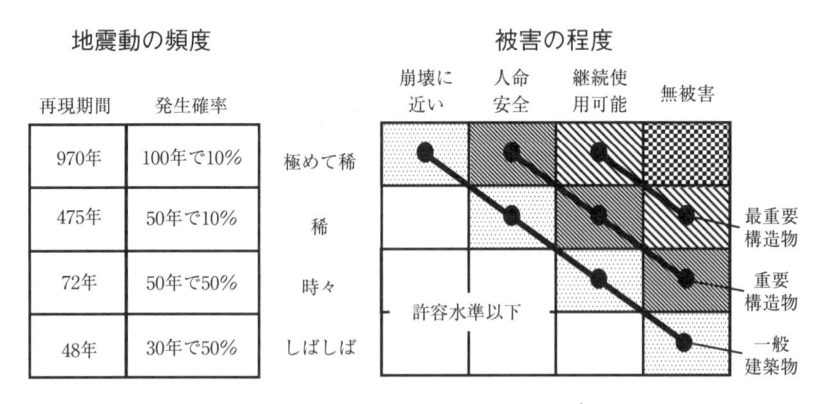

地震動の頻度		
再現期間	発生確率	
970年	100年で10%	極めて稀
475年	50年で10%	稀
72年	50年で50%	時々
48年	30年で50%	しばしば

被害の程度：崩壊に近い／人命安全／継続使用可能／無被害

許容水準以下／最重要構造物／重要構造物／一般建築物

図-4.2.1 耐震性能マトリクス[3]

性能は，建築基準法レベルで妥当とする考え方が少なくないのです[2]。

こうしたリスクコミュニケーションは簡単ではありませんが，成立する条件として重要なことは[1]，

① リスク情報の送り手または情報内容が信頼できること
② 情報の受け手（発注者）の関心に配慮が払われていること
③ 受け手がリスクに気づけること
④ 受け手が理解を深められること
⑤ 解決に合意を得ること
⑥ 受け手が行動を引き起こせるようにすること
⑦ 受け手の意見ができるだけ発信者（設計者）に反映されること

などがあげられます。設計者やつくり手は，リスクがネガティブな情報であることから，なかなかそれを口にしにくい面があるのが実状です。ポジティブな情報ばかりを伝えて，災害が起こったときに信頼を失うのではなく，ポジティブな情報であってもネガティブな情報であっても，客観的にわかりやすく伝えることが大切で，これが信頼を得ることにつながっていくと考えられています[1]。

上記の対話例は，発注者が要求性能をあいまいながらも表明し，設計者がそれを受けて説明し，設計目標について合意の上で発注者が意思決定している様子を示したものです。

リスクコミュニケーションとは，不利なことも率直に伝えるコミュニケーションであって，リスクを被る可能性がある人びとに対しては，リスクがあることを正しく伝えなければなりません。またリスクコミュニケーションは意思決定とも深い関連がありますが，よりよい決定に結びつくかどうかはまた別の問題です。知識を十分にもたない消費者が適切な意思決定をするためには，専門知識をもつ専門家が適切にサポートしていくことが不可欠です。

参考文献
1) 吉川肇子：リスク・コミュニケーション，福村出版，初版（1999.6.10）
2) 安心住宅の示し方，日経アーキテクチュア，pp.78～80，2006年3月27号
3) SEAOC (1995). "Vision 2000 - A Framework for Performance Based Earthquake Engineering." Vol. 1, January (1995)

4.3 木造住宅の耐震改修 ＜事例1　住宅所有者の立場から＞

Key Word　木造住宅　耐震改修　地震リスク　目標性能　費用対効果

1995年の阪神・淡路大震災では6 400余名の尊い人命が失われました。その84％が建物の崩壊による圧死であると推定されており，崩壊した建物の多くが現行の耐震基準を満たさない，いわゆる「既存不適格木造住宅」と呼ばれる古い木造住宅でした。このような木造住宅は，日本全国に約1 100万棟存在します。これらの耐震改修が緊急課題と言われていますが，進捗状況は芳しくありません。その理由として，耐震改修の効果が不明確なこと，そして，所有者にとっての経済的負担が大きいことなどが挙げられます。政府や自治体は，震災の悲惨さ，耐震改修の効果のPRに努めるほか，耐震改修に対する補助金制度を設けていますが，実際の改修までにはなかなか至らないのが現状です。ここでは，木造住宅の耐震改修に関連した二つの事例を通して，確率を用いたリスク評価と意思決定について考えてみましょう。

4.3.1 はじめに

古い木造住宅に住むPさんは，最近日本各地で地震の被害が報告されるのを見聞きし，自宅のことがとても気になり出しました。そこで，自治体の補助を受けて無料の耐震診断を行ったところ，総合評点が0.56，「倒壊の危険があります」と診断されてしまいました。これでは安心できないと思ったPさんは，さっそく普段からつきあいのある工務店に連絡し，建築士のSさんと耐震改修に向けて相談をすることになりました。

4.3.2 まずはPさんの素朴な質問から

Pさん　診断をしてもらったら，総合評点が0.56，「倒壊の危険があります」と

診断されてしまいました。私の家は地震が来ても大丈夫なんでしょうか？ 補強をして安全にしたいんですが，いくらぐらい費用をかければ壊れないようになるんでしょうか？

Sさん　ちょっと待ってください。この診断結果をごらんになって心配なのは良くわかります。でも，耐震改修工事をしようと思ったら，地震のこと，建物のことをもう少しよく考えてなくてはいけませんよ。

　まず，地震には震度5強，震度6弱のようにさまざまな大きさがあります。Pさんが対策をしたいと思っている地震はこのうちどの程度のものですか？

Pさん　え？　地震の大きさ？　あっ，そういえば，自治体が配布していた東海地震の震度予測マップがあったと思います。あ，これこれ，これです。これを見ると，このあたりは……「震度6弱」となっています。じゃ，震度6弱の地震に対する対策をしておけば安心ですね。

Sさん　なるほど，東海地震という特定の地震に対する対策だけを考えれば，そのような考え方でもいいかもしれません。でも，この地域を揺らす地震は東海地震だけではありません。東海地震は海溝型の地震ですが，兵庫県南部地震や新潟県中越地震のように内陸の浅いところで発生する内陸型（直下型）の地震もあります。

Pさん　じゃ，ほかの地震に対する震度予測マップはないんですか？

Sさん　地震が発生する場所や規模を仮定すればそのようなマップをつくることはできます。でも，地震ごとに発生する頻度や発生した場合の揺れの大きさがが違いますから，地震ごとの予想震度マップを揃えてもそのうちどの地震に対する対策をすればいいかの判断は難しいですよね。例えば，内陸型の地震は発生する頻度は数千年から数万年に一度とたいへん低いのですが，いざ発生するとたいへん大きな震度が予想されます。一方，海溝型の地震は過去の履歴から100年程度の周期で発生することがわかっていますが，揺れの大きさは直下型ほど大きくないと考えられています。これらを比較して考えなければいけないんですよ。

Pさん　えーっと，確かに，ごくまれにしかこないものともうそろそろ起こりそうなものとでは同じように考えるわけにはいきませんよね。でも，そんなこといったら，どんな地震に対する対策を考えればいいか判断できなくなってしまいますよ。

Sさん　そういうときに判断のよりどころとなる有力な道具が確率です。例えば，自治体のマップにあった東海地震や東海・東南海地震の過去の履歴を見てみると，自然現象ですから当然ばらつきはありますが，だいたい100年から150年くらいの間隔で発生していることがわかります。このような情報から例えば今から30年の間にどのくらいの確率で発生するかを計算できるのです。また，内陸活断層も地質調査からわかっている活動度を考慮して発生する確率を計算できます。これらの確率の情報を総合すると，例えば「500年間の間に1回は発生するであろう最大の地震の大きさ」や，「震度6弱以上の地震が今から30年の間に発生する確率」をマップの形で示すことができるのです。このようなマップを地震ハザードマップといいます（3.3節参照）。

Pさん　なるほど。確率を使えば，発生する確からしさの違うものも総合的に考えることができるんですね。そのことはよくわかりました。では，ハザードマップの情報から，対策をする対象の地震の大きさは震度6強を目安にすることにします。もちろん，これ以上の大きさの地震が発生する可能性もあることは理解していますよ。

4.3.3　目標性能水準を決める

では，次に考えるのは震度6強の対策ですが，どんな補強をすれば壊れないようになるんですか？

Sさん　Pさん，「壊れる」，「壊れない」だけでは目標とする改修の程度も決まりませんよ。まず，木造住宅の壊れ方を説明させてください。地震が起こると建物はゆらゆらと左右に揺らされますが，ここでは揺らす力の大きさと住宅の壊れ方の関係をわかりやすくイメージするために，地震の力を横から押す力に置き換えてみましょう。まず，押している力とそのときの横方向への変形の大きさの関係をグラフにしてみると，**図-4.3.1**のようになります。

　押し始めた最初のうちは力と変形は比例の関係にあります。この比例の範囲では，押している力を取り除けばまた元の形に戻ってくれますから，建物の被害はまったくありません。この限界が1の点になります。1の点を超えて押し続けると，比例の関係が崩れはじめ，変形だけが大きくなっていきます。2の点では，比例の関係をやや超え始めた点であり，被害としては，外壁や室内の仕上げに軽微なひび割れが入ったり，瓦屋根がずれて一部落ちてきたりしま

4.3.3 目標性能水準を決める

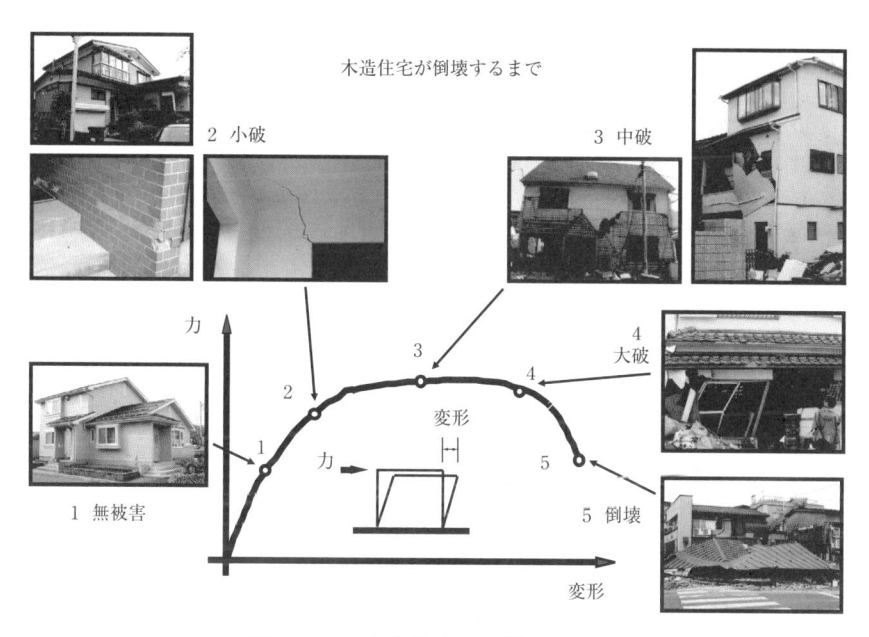

図-4.3.1　木造住宅が倒壊するまで

す。

　それでもさらに押し続けると，押す力はもうあまり増やさなくても，変形だけが大きくなってきます。3の点はその住宅が持つ最大の力を発揮している点であり，これくらいまでくると外壁が大きく落ちたり，内装の仕上げも大きくはがれたりすることがあります。

　もっと押し続けてみましょう。押す力はもう増やさず，むしろ減らし続けているにもかかわらず，変形は増え続けてしまいます。4の点あたりまで来ると建物の変形は顕著になり，目に見えて柱が傾いたりします。地震の揺れが収まったあとも大きな柱の傾きが残り，かなり大規模な補修をしないと住み続けることはできません。建て替えとなる住宅も多いでしょう。さらに押し続ければ5の点，つまり倒壊に至ります。

　住宅の耐震改修で重要なのは，対象とした地震に対し，この図にあるどの程度の破壊までで収めたいのかをはっきりとさせることです。建物に地震後も住み続けられるような財産価値を考えている人ならば1，あるいは2の点くらいの被害にとどめる必要がありますし，建て替えになってもいいから，命を失う

ようなことにはならないようにしたいと考えている人は，5にならないような対策を考えることになります。

Pさん　なるほど。私の家はもうかなり古くなっているし，地震の時には建て替えになっても構わないから，命を失うようなことにはならないような補強に重点を置きたいと思っています。

　ところで，先ほど決めた対策震度「6強」が今の私の家で起こると，この1〜5のどの被害になるんですか？

Sさん　はい。そのことを判断していただく資料をお見せしましょう。**図-4.3.2**は木造住宅の耐震診断の評点と地震時の損傷の度合いを震度ごとに示したものです。横軸は耐震診断をしたときの評点，縦軸は地震が発生したときに木造住宅が被るであろう被害の大きさを表しています。縦軸の被害については，**図-4.3.1**でご覧頂いた中破，大破などの言葉と対応させてありますので，それと併せてご覧下さい。

Pさん　横軸が診断値，縦軸が被害の大きさですね。右に行くほど強いわけだから被害も小さくなっている，なるほど，この関係がわかれば目標にしたい評点が決まりますね。ただ，評点が低かったり，震度が大きいと大きな被害になるのはわかるような気もするのですが，それにしてもどうしてこんなにたくさんの点がならんでいるんでか？

Sさん　ええ，たしかに。たくさんの点があります。これは評価に避けられないばらつきがあることを示しているのですが，その前にまず，この図がどのようにしてつくられたかをご説明しましょう。

　耐震診断は耐震要素である壁の位置とその壁の仕様が必要です。そこで，いろいろな間取りの住宅について壁の位置や仕様を変えて評点の違うたくさんの木造住宅を想定します。壁の量と仕様がわかれば，地震の時にどんな抵抗力を持っているかを求めることが出来ますから，これを使って地震時の被害をコンピュータのシミュレーションで計算します。この計算で求められた被害の程度が**図-4.3.2**の縦軸と思ってください。

Pさん　なるほど。

Sさん　そこで，問題は評点と震度だけでは必ずしも十分な情報が得られているとは限らないことなんです。耐震診断は限られた時間と手間で実施しなければなりませんから，同じ評点を持った建物でも，地震の揺れに対する特性はある

4.3.3 目標性能水準を決める

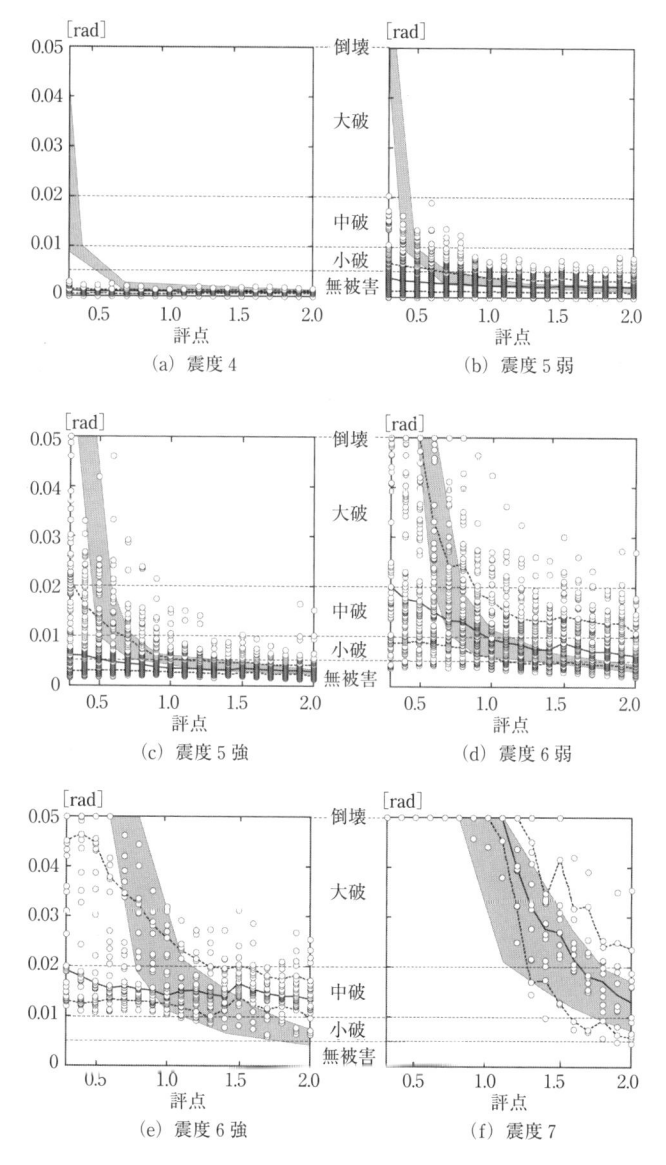

(a) 震度 4
(b) 震度 5 弱
(c) 震度 5 強
(d) 震度 6 弱
(e) 震度 6 強
(f) 震度 7

図-4.3.2 上部構造評点と最大応答変形角，および損傷度との関係

程度の幅が出てくるのです。また，このことは地震についても同じです。つまり，同じ震度の地震でも当然大きさにはばらつきがありますし，揺れ方によっ

-105-

表-4.3.1 確率表示した性能マトリクス

(a) 評点0.7

	4	5弱	5強	6弱	6強	7
無被害	100	84	58	4	0	0
小破	0	14	27	26	0	0
中破	0	1	12	41	67	0
大破	0	0	2	26	23	0
倒壊	0	0	0	3	10	100

(b) 評点1.0

	4	5弱	5強	6弱	6強	7
無被害	100	91	83	11	0	0
小破	0	9	14	43	0	0
中破	0	0	4	32	77	0
大破	0	0	0	13	23	8
倒壊	0	0	0	0	0	92

ては建物に与える影響の度合いも大きく異なってくるのです。したがって，この関係はかなりばらつきの大きなものになっています。

　でも，ばらつきがあるから決められないなどといっていては何の解決にもなりません。不確定な要素はありますが，この情報の中から意思決定をすることが求められているんです。

Ｐさん　わかりました。図をよく見るとたくさんのプロットの中に実線と点線がありますが，この線は何でしょうか？

Ｓさん　中央の実線が平均値，つまり平均的な被害です。上下の点線はそれを超える確率が等しくなるような値を結んだものなので，この点線で挟まれた部分の被害を被る可能性があると考えてみてください。また，参考のため，実際の地震被害調査から得られている評点と被害の関係を図中の網掛け部分に示しています。全体的には計算によるプロットと比較的よく対応していますが，評点が大きいところと小さいところでかなり差があることがわかります。このあたりは今後の研究の課題といったところです。

Ｐさん　わかりました。ということは，網掛け部分を参考にしつつ，この点線の幅を見ながら目標とする性能を決めていけばよいですね。

Ｓさん　そうです。今のＰさんの見方をもっとわかりやすくするために，**図-4.3.2**を表の形のまとめたものがこれです（**表-4.3.1**）。表の縦軸は被害の度合い，横軸は受ける地震の強さです。**図-4.3.2**でご理解いただいたようにかなりばらつきがある情報から意思決定をしなければいけませんから，この表では縦軸と横軸の枠に対応した確率が示されています。例えば，評点を1.0まで上げたとすると，震度5強では14％の確率で小破，4％の確率で中破となります。ま

損傷度の解説

損害額	0.1万円/m²	0.1〜5万円/m²	5〜10万円/m²	全損	全損
傾き	1/200以下	1/200〜1/100	1/100〜1/50	1/50〜1/10	0
被害状況	漆喰壁などの一部に軽微なひび割れが発生するが容易に修復可能。	土台と基礎の境目、窓の周辺等にひび割れが発生する。修復可能。	内外壁の仕上げに大きなひび割れが入る。瓦が落ちる。ある程度の修復費用が発生。	内外壁の大きな剥落。柱の傾きが大きい。継続使用不可。修復は困難。	室内空間がなくなり、重大な傷害を負ったり、命を落とす可能性が極めて高い。
被害の様子					

震度の解説

地表面加速度	再現期間(市区町)	30年間での発生確率
80gal〜250gal	30年	0.64
	80年	0.31
250gal〜400gal	150年	0.18
	300年	0.095
400gal〜	500年	0.058

性能マトリクス

震度階/損傷	無被害	小破	中破	大破	倒壊
5弱	●				
5強	◉	●			
6弱	○	◉	●		
6強	○	◉	●	●	
7		○	◉	●	●

耐震リフォームメインメニュー

状況	評点	費用
○ 補強案3	1.2	230万円
◉ 補強案2	1.0	150万円
● 補強案1	0.6	60万円
● 現状	0.3	

（表中の数値はイメージを具体的にするために記入したもので、数値の妥当性は検証されていませんのでご注意下さい）

図-4.3.3　耐震リフォーム促進のための性能マトリクス

たPさんが対策の目安にしている震度6強だと、77%の確率で中破、23%の確率で大破となります。

この表と地震の情報、被害の情報を一つの図にまとめ、より説明性を高くしたのが**図-4.3.3**です。ここには性能アップに必要な費用も合わせて示しました。

Pさん　なるほど、これならわかりやすいです。では、もっと予算のことを細かく検討したいので、評点を1.2や1.4まであげたときの表もつくって頂けます

か？

Sさん　はい，わかりました。では，次回のお打ち合わせにお持ちします。

Pさん　よろしくお願いします。

　このようにしてPさんは自宅の補強程度を費用対効果を考えて決定し，無事補強工事を終えて安心に暮らしています。

参考文献

1)　井戸田秀樹，嶺岡慎悟，梅村恒，森保宏：在来軸組木造住宅における一般耐震診断の評点と損傷度の関係，耐震改修促進のための意思決定支援ツールに関する研究（その1），日本建築学会構造系論文集，No.612，pp.125-132（2007.2）

4.4 木造住宅の耐震改修　＜事例2　行政の立場から＞

Key Word：木造住宅　地震リスク　耐震改修　耐震化戦略　費用対効果

　巨大地震に備えた耐震改修の促進は，国や地方自治体の政策目標の一つになっています。多くの自治体では，耐震改修費用に対する補助制度を設けていますが，補助対象となるには耐震改修後の評点が1.0を越えなりればいけないことや，補助費用に上限があるなど，いくつかの制約があります。限られた予算を効率的に使ってできるだけ効果的な改修促進につなげるには，どのような戦略をとるべきなのでしょうか。ここでは，木造住宅を群として考える行政の立場に立った耐震改修の戦略について考えてみましょう。

4.4.1 補助金政策の現状

　愛知県では，耐震改修費用の半額かつ最高60万円まで補助をすることにしていますが，補助金が支給されるには改修後の耐震診断の評点が，現行基準の水準と同程度と考えられる1.0を満たすことを条件としています。この補助金制度には，戦略上，下記の3つの問題点が考えられます。

① 耐震改修費用の平均値は170万円程度といわれていますので，補助を受けても平均110万円もの自己負担が必要となり，相変わらず，大きな経済的負担です。

② 被害の低減という観点から，本来ならば真っ先に耐震改修するべききわめて耐震性能の低い住宅が，一層多くの自己負担を必要とするため，取り残されていく恐れがあります。

③ 愛知県には，約55万棟の既存不適格木造住宅が存在し，これらをすべて耐震診断の評点1.0を満足するように改修するためには，1兆円以上もの費用が必要となります。一方，耐震改修補助の予算としては，愛知県は平成18年度には約6億円を計上していますが，これを含めて県内で年間20億円

を耐震改修に投じたとしても，すべての耐震改修を終えるまでには500年の歳月が必要ということになってしまいます。ちなみに，愛知県の年間総予算は，約2.3兆円です。

4.4.2 地震リスクの現状，耐震改修の効果と耐震化戦略

こうした問題に対して次のような疑問が沸いてきます。本当に，評点1.0を満たさないと改修の効果はないのでしょうか。また，新築の建物の寿命に比べ，既存の建物の余寿命は短いと考えられますが，このような建物，とくに余寿命が短いとされる，老朽化した木造住宅の耐震性能を現行基準の水準まで向上させることは，逆に，過剰投資にはならないのでしょうか。あるいは，行政は，どこまで予算をつぎ込むべきでしょうか。これらの問いに答えるために，愛知県内の木造住宅について，地震リスクを概算してみましょう。なお，ここでは，地震ハザード（3.3節参照）については，地震調査研究推進本部が公開している確率論的地震ハザードマップを用い，また，経済的な損失としては，建物の補修・再建費用，倒壊した場合の撤去費用および仮設住宅の費用を考えています。

図-4.4.1は，目標とする評点を横軸にとり，その目標に満たない愛知県内のすべての建物を耐震改修して目標まで引きあげる戦略を考えたとき，今後30年間の地震による経済的な損失額の期待値，それぞれの戦略に伴う改修費用，それら

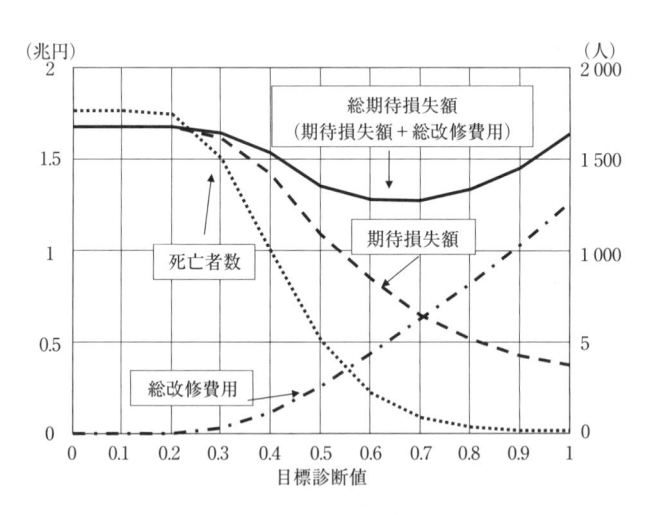

図-4.4.1 耐震改修の費用と効果

の和である総期待損失額，および，死亡者数の期待値がどのように変化するかを表したものです。目標評点＝0は，耐震改修をしないことを，目標評点＝1.0は現在採用されている耐震改修戦略で，すべての既存不適格建物を改修した場合を表しています。約1.25兆円の投資ですべての不適格木造住宅が評点1.0まで改修されますが，それで，地震によるリスクがゼロになるわけでなく，期待損失額および死亡者数の期待値はそれぞれ改修前の20%，1%程度までの低減にとどまっています。

図-4.4.1では，改修費用は，目標評点を高くするとやや加速度的に大きくなる一方，期待損失額や死亡者数の期待値の減り方は鈍り，費用対効果が漸減しています。興味深いことに，総期待損失額という観点から見れば，県全体では1.0ではなく0.7が最適な（総期待損失額を最小とする）目標評点ということになります。目標評点を0.7以上とした場合，期待損失額は低減されますが，それ以上の改修費用が必要となるからです。また，死亡者数の期待値も目標評点0.6程度までは急激に低下しますが，0.7以上にしても耐震改修の効果はあまり向上しません。

図-4.4.1からは，また，耐震改修の進捗状況別の効果を読み取ることもできます。例えば，目標耐震評点を1.0として100%改修した場合，1.25兆円の投資で期待損失額は80%，死亡者数の期待値は99%低減されます。50%改修した場合は，6 500億円の投資でそれぞれ40%，50%低減されますが，同じ6 500億円を投資する場合でも，目標評点を0.72とすれば，それ以下の建物をすべて改修することができ期待損失額は60%，死亡者数の期待値は95%以上低減され，この戦略のほうが，投資に対する効果は高いといえるでしょう。

同じ県内でも細かな地区毎で地震ハザードは異なりますので，**図-4.4.1**に示した解析を各地区ごとに行えば，それぞれの地区での適切な目標評点を求めることができます。そして，これを用いれば，より効率的な戦略を設定することが可能です。地域間での「平等性」という問題もありますが，何を尺度にして「平等さ」を測るのかについても議論になるところですので，少なくともこのような戦略も検討に値するでしょう。

既存不適格木造住宅の改修にどれだけ投資するか，どのように配分するか，どこまで改修するか，さらに，行政がどこまで補助するかなどについては，唯一無二の正しい答えがあるわけではありません。また，ここでは，直接的な経済損失

と死亡者数に限定していますが,波及的な経済損失やけが人の数など,状況において考えるべき被害の範囲も考えなければなりません。しかし,上記のようなリスク解析を行うことで,リスクの構造と,それぞれの選択肢に伴う費用や効果が明らかになり,選択肢の優劣を判断することはできます。また,補助金制度における達成すべき評点も必ずしも1.0でなくてもよいという結論が導かれることもあり得ます。達成すべき評点を引き下げることができれば,耐震改修への強力なインセンティブとなり,実効ある戦略となりうるでしょう。

参考文献

1) 山口剛史,森 保宏,井戸田秀樹:木造住宅の実効ある耐震化戦略と耐震化促進のためのリスク情報,耐震改修促進のための意思決定支援ツールに関する研究(その2),日本建築学会構造系論文集,No.632,pp1719-1726(2008.10)

4.5 「不適格建物」の地震リスク評価例

Key Word: 倒壊の恐れ / 耐震強度 / 不適格建物

　2005年に発覚した耐震偽装問題では，「耐震強度0.5未満の建物は震度5強程度の地震で倒壊のおそれがある」と報道されました。

　「耐震強度」は新聞・雑誌等が一般社会向けに使っている言葉で，専門家やエンジニアの間ではこれまであまり馴染みがなかった言葉ですが，建築基準法に示された耐震基準をどの程度満たしているかを表しています。基準ぎりぎりで設計された建物の耐震強度を1.0とすると，耐震強度1.0未満の建物は基準を満たしていない「不適格建物」ということになります。ただし，本書をここまで読み進んできた読者の皆さんは，耐震強度0.5未満のすべての建物が，震度5強程度の地震で倒壊するというわけではないということはもうお察しでしょう。

　また，耐震偽装問題では新築の建物だけが話題となりましたが，現行の耐震基準が施行された1981年以前に建てられた建物の中には，現行の耐震基準を満たしていない「既存不適格」が数多く存在しています。これら現行の耐震規準を満たさない建物の地震リスクはどの程度なのか，調べてみましょう。

4.5.1 耐震性能と損傷評価のばらつき

　まず，建物に作用する荷重（地震力）と建物の変形の関係に基づいて考えてみましょう。**図-4.5.1**は地震力の大きさと建物の変形の関係を示したものです。ここでは，仮に「P_1」という地震力に対して「D_1」変形するようなRC造建物を想定します（地震力と変形の関係が図中の実線となる建物です）。建物の被害（損傷）は変形の大きさと密接に関係がありますが，例えば「D_1」変形した状態を「小破」の損傷状態であるものとすれば，この建物は「P_1」という地震力に対して**図-4.5.2**の左から2番目のような状態になっていることを意味します。ここで，この建物を標準的な耐震性能を有する標準グレードの建物だとすれば，図中に示

す点線Aの場合は「P_1」より大きな地震力が作用した場合に「D_1」の状態になる標準グレードより高い耐震性能であり，逆に「P_1」より小さい地震力で「D_1」となる点線Bは標準グレードより低い耐震性能であるということになります。

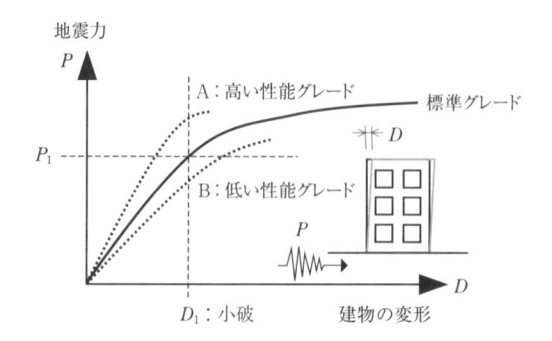

図-4.5.1　地震力とRC造建物の変形の関係

ランク	軽微	小破	中破	大破	倒壊
概念図					
状況	二次壁の損傷がほとんど無い	二次壁にせん断ひび割れ	柱・耐震壁にせん断ひび割れ	柱の鉄筋が露出・挫屈	建物の一部または全体が倒壊

図-4.5.2　RC造建物の損傷状態

　それでは，標準グレードの建物として設計すれば，「P_1」程度の地震力に対する被害を必ず「小破」以内に収めることができるのでしょうか。答えはノーです。実際には必ずしも設計で想定した通りの結果になるとは限りません。建物が被害を受けるかどうかは，地震動の特性や建物構造の特性に依存しますが，これらの特性にはばらつきが存在するためです。

　一般に，RC造建物の地震リスク評価では，建物の強度や地震動による変形の大きさを対数正規分布する確率量であると仮定して評価を行っています。このとき，建物の強度や変形のばらつきを簡便のため一つに集約し，対数標準偏差（付録A参照）でζ=0.6程度を仮定して計算を行う場合があります。ここでも対数標準偏差を用いて計算し，損傷に対するばらつきの影響を見てみましょう。**図-**

4.5.1の標準グレードの建物を例として，地震力「P_1」が作用したときに変形が「D_1」以下となる確率を50%と仮定し，ここに，ばらつきとしてζ=0.4, 0.6, 0.8の3ケースを考えて計算した結果を図-4.5.3に示します。地震力「P_1」に対して変形が「D_1」以下となる確率は3ケースのすべてにおいて50%となりますが，半分の大きさの地震力「$P_1 \times 0.5$」を想定した場合でも，ばらつきがζ=0.4, 0.6, 0.8の場合には，それぞれ4%, 12%, 19%程度の確率で「D_1」以下の変形に収まらない，すなわち「小破」以上の被害を受ける可能性があることになります。逆に，「P_1」より大きい地震力に対して「小破」以上の被害を受けない可能性もあります。実際の建物でも，標準以上の耐震グレードで設計した建物が「P_1」程度で「小破」となり，標準以下の耐震グレードの建物が「P_1」でも「小破」とならない可能性もあるわけです。そのため，設計ではばらつきの影響を考慮して，一般に余裕を持った設計が行われています。なお，図-4.5.3では，ばらつきが大きくなるに従って曲線の勾配が緩やかになっていくこともわかります。

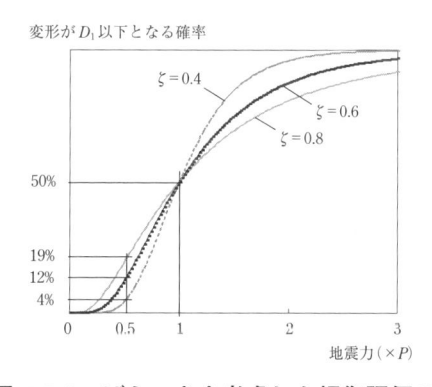

図-4.5.3　ばらつきを考慮した損傷評価の例

4.5.2 設計で考慮される地震動の大きさ

現行の耐震基準である「新耐震設計法」では，2段階の設計用地震力を考えています。まず，1次設計として，建物の寿命中に1～2度遭遇する可能性のある地震力を考慮します。これは建物に生じる，建物自重の20%に相当する地震力（この割合を，せん断力係数C_0–0.2と表現します）に対して無被害であるか，少なくとも「軽微」や「小破」以下の被害に収まるように設計します。つぎに，2

次設計として建物に生じる，建物の自重相当の地震力（せん断力係数 $C_0=1.0$）を最大級の地震力として考慮し，これに対して被害を受けても人命の安全を確保する，すなわち「中破」または「大破」以下の被害状態に留まって，倒壊しないように設計します。標準グレードの耐震性能を有する建物は，このクライテリアに基づき設計されています。

ここで，設計用地震力を，地震動の指標である加速度に換算して考えてみましょう。加速度に換算することで，建物の耐震性能と地震動との関係がわかりやすくなります。なお，建物の設計で考える地震動の加速度は，一般に建物が建設されている地表面の加速度（地動加速度といいます）で代表されますので，地震動の指標として地動加速度を用います。

地震時に建物に生じる加速度（応答加速度といいます）は，地動加速度の大体 2.0～2.5 倍程度になることが判っています。前述のせん断力係数は重力加速度（980 gal）に対する応答加速度の比（地震力/自重）に相当しますから，1次設計で考慮する $C_0=0.2$（応答加速度 200 gal 相当）は地動加速度で 80～100 gal に相当し，2次設計で考慮する $C_0=1.0$（応答加速度 980 gal 相当）は地動加速度で 400～500 gal に相当することになります。耐震強度が 0.5 の「不適格建物」とは，端的に言えば，2次設計でせん断力係数 $C_0=0.5$ に対して安全を確保するように設計されていることになりますので，震動加速度 200～250 gal で「中破」または「大破」を想定していることになります。

4.5.3 耐震強度を用いた地震リスク評価例

図-4.5.4 は，実際に建物の設計で用いられている耐震性能（耐震グレード）の説明図の一例です。図の縦軸が設計用地震力（地動加速度により表記），横軸が想定される変形（損傷状態を併記）となっていますが，図の上方に行くほど耐震グレードが高くなり，グレードが1ランクアップすると，設計用地震力は約 1.4 倍大きくなるように設定されています（すなわち2ランク差があると耐力の格差は2倍です）。

現行の耐震基準に基づく標準グレードの建物は，1次設計と2次設計において，それぞれ図中の◎印を目標として設計されていることになります。この建物が耐震基準に対してまったく余裕を持たずにぎりぎりに設計されているとすると，設計用地震力に対する建物の変形は◎印が中央値（付録 A 参照）となり，想定変

4.5.3 耐震強度を用いた地震リスク評価例

形（◎印）以内に収まる確率は50%となります。これを「耐震強度」1.0の建物とします。

ここで，前述の計算のように，損傷評価に対数標準偏差$\zeta=0.6$のばらつきを考慮してみましょう。ばらつきを考慮した結果で，想定変形以内に収まる確率が12%（図-4.5.3参照）と低い場合を考えると，◎印はそれぞれ○印に移動し，耐震グレードが2ランク程度低くなります。これは「耐震強度」1.0の建物が100棟建っている場合に，12%に相当する12棟は耐震グレードが2ランク程度低くなっている可能性があることに相当します。ここでは説明のため単純化したモデルに基づき話を進めていますので，実際の建物はこのように簡単ではありませんが，「耐震強度」1.0を確保していても，必ずしも満足できる耐震性能を有しているとは限らないことになります。

それでは，「耐震強度」0.5の建物はどうなるのでしょうか。「耐震強度」0.5の建物は，「耐震強度」1.0の建物に考慮した設計用地震力の半分しか考慮していませんので，図-4.5.4では△印となります。ここでも同様に，想定変形（△印）以内に収まる確率は50%です。図-4.5.4を見ればすぐわかると思いますが，○印と

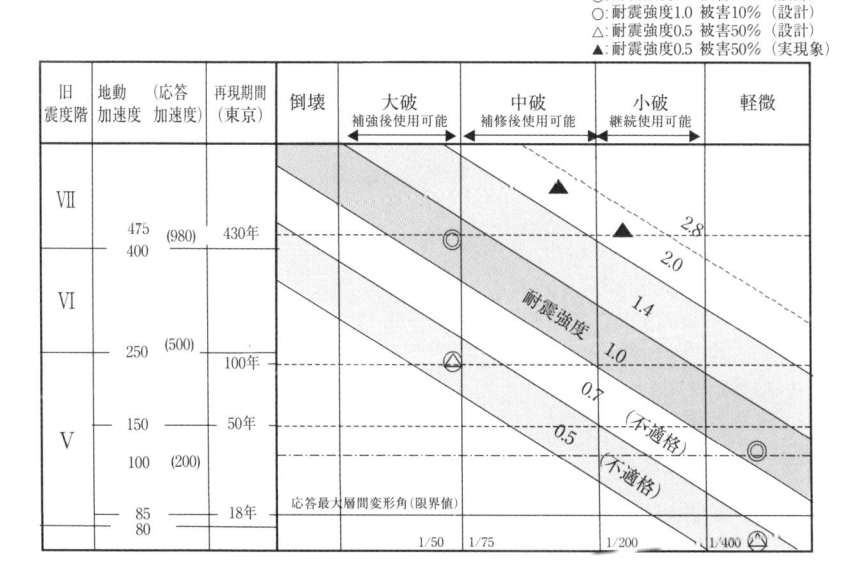

図-4.5.4 耐震強度による耐震グレード設定

△印はほぼ同じ所に位置しています。すなわち，「耐震強度」0.5の建物は，「耐震強度」1.0の建物全体の中で耐震性能が低い建物（低い方から12％に位置する建物）とほぼ同じ耐震性能を有しているということです。耐震性能を「耐震強度」の数値だけで判断すると，一律に0.5は「不適格建物」となり，1.0は問題のない建物であると判断されますが，実際には1.0でも「不適格建物」同様に問題のある建物が存在する可能性があるのです。

耐震偽装問題では耐震性能を「耐震強度」の数値だけで判断し，1.0を下回れば問題があり，1.0を上回ればまったく問題がないかのように議論されていましたが，このように，実際には耐震性能を単なる一つの数値だけで判断することはたいへん難しいことなのです。実現象としてばらつきを有する問題に対しては，単なる一つの数値を代表値として判断していては物事の本質がつかめません。確率論的な考え方に基づく評価手法を利用し，より実際にあった判断ができるように評価していくことが必要です。

4.5.4 設計と実建物の地震リスク格差

これまでの話では建物の集合体の中の「耐震強度」1.0の建物の耐震性能が低い方から12％は平均的な「耐震強度」0.5の建物と同レベルといっているので，それを聞かれて意外に思われた方も多いと思います。例えば，首都圏の1都3県のマンションストック数は4万6000棟，268万戸というデータ（マンションデータサービス，2007年1月1日）がありますが，これらがすべて現行の耐震基準ぎりぎりの耐力で設計されていると仮定すると，耐震基準で想定している最大級の地震力の半分の震度Ⅴ強〜Ⅵ弱の地震力によっても中破〜大破の被害を被ってしまう戸数は268万戸×0.12＝32万戸と算出されるのです。こんなに多くの被害が発生すると聞いて驚かれる方も多いと思いますが，本当にそうなのでしょうか。少し考えてみましょう。

ここまで設計の観点から耐震性能とそのレベルを論じてきましたが，実際の建物には建築基準法等で定められた要求性能に対して余力があります。その余力は，過去の地震被害等を踏まえ，社会的な許容限度を経験的に考慮して設定されています。その余力を把握する必要があります。

では，実際にはどの位の余力があるのでしょうか。それには，これまでの調査や研究の成果が参考になります。例えば，兵庫県南部地震における地震力と建物

4.5.4 設計と実建物の地震リスク格差

被害率の関係が報告[1],[2]されています。詳細な計算は省略しますが，論文に記述されている知見や相関性を参考にして「耐震強度」0.5相当の「不適格建物」に当てはめてみると，「不適格建物」は図-4.5.4内の耐震強度2.0相当のゾーン内にある「▲」にプロットされることになります。これからわかるように，実際には同じ耐震強度の建物が4ランクも高い耐震グレードになっています。仮にこの関係を現行の耐震基準ぎりぎりに設計された「耐震強度」1.0の建物に当てはめると，実際の「耐震強度」は4ランク高い「4.0」となり，設計用地震力の半分の地震力で損傷を被る可能性は大きく低減し，0.03%程度となります（$\zeta=0.6$として算定）。

このように要求性能を満たした実建物の余力は「設計と実際のグレード格差」と呼べるほど大きいのが実態です。この「余力」は，私達が既存不適格建物の地震リスクを論じる上で「ばらつき評価」と並んで知っておくべき非常に重要な情報です。建築基準法で定められた構造規定を遵守することは当然のことであり，基準を満たしているかのように恣意的に偽装することは論外です。設計者は「耐震強度」が1.0を上回るように設計するのが当然の責務ですが，「耐震強度」が1.0を超えているかどうかだけで「安全である」か「安全でない」かを明快に区別することは本当は難しいのです。建物の安全性は，この「余力」と「ばらつき評価」を抜きにしては正しく判断することができません。これらを適切に評価することで有効な対策を立てることが可能となり,実践的なリスクマネジメントへと繋げることができるのです。

参考文献

1) 林 康裕：耐震診断結果を利用した地震リスク表示の試み,「シンポジウム耐震診断・耐震補強の現状と今後の課題」, 日本建築学会関東支部 構造専門委員会 (2000.1.14)
2) 林 康裕, 宮腰淳一, 田村和夫, 川瀬 博：1995年兵庫県南部地震の低層建築物被害率に基づく最大地動速度の推定, 日本建築学会構造系論文集, 第494号, pp.59-66 (1997.4)

4.6 デリバティブ―リスクファイナンスの一手法として―

Key Word: オプション／オプション料／給付金／指標値／行使値／金融工学

　リスクに対処する方策は通常，4.1節の**図-4.1.2**のように，リスクコントロールとリスクファイナンスに大別されます。リスクファイナンスのうちのリスク移転の伝統的な手段としては，保険への加入が挙げられます。最近では，保険以外にも「デリバティブ（派生商品）」という新しい手法が用いられるようになりました。デリバティブの基本は，金融取引や商品取引にかかわるリスクを軽減するための金融デリバティブおよび商品デリバティブです[1]。現在では，天候デリバティブ[2),3)]や地震デリバティブなど，さまざまなリスクを対象とするデリバティブも取引されています。ここでは，天候および地震デリバティブを例として，デリバティブの基本を説明します。

4.6.1 天候デリバティブ

　天候デリバティブとは，天候にかかわる数値に応じて，金銭の授受を行う金融取引です。例として，日本で最初の天候デリバティブ契約[2)]を紹介します。スキー用品を販売するスポーツ用品店は，積雪量が少なくなると売上が減少してしまいます。あるスポーツ用品店は，積雪量が少なくなることによる損害を補填するために，損害保険会社と天候デリバティブ契約を締結しました。この契約は，スポーツ用品店が一定の料金（オプション料：保険料に相当）を支払っておくことで，積雪量が少なかった場合に給付金を受け取れるとしたものです。給付額は，あらかじめ定めた観測期間と観測地点における積雪量（デリバティブの指標値）に応じて決められました（**図-4.6.1**）。積雪量が一定値（行使値）を上回る場合には，給付金が支払われません。反対に，積雪量が行使値以下の場合には，損害保険会社から給付金が支払われ，スポーツ用品店は売上の減少を補填できます。

小雪以外にも，冷夏・暖冬・台風・降雨・高波などの天候不順により損害を受ける企業などが，天候デリバティブを購入しています。販売者は，保険会社・銀行・証券会社などです。

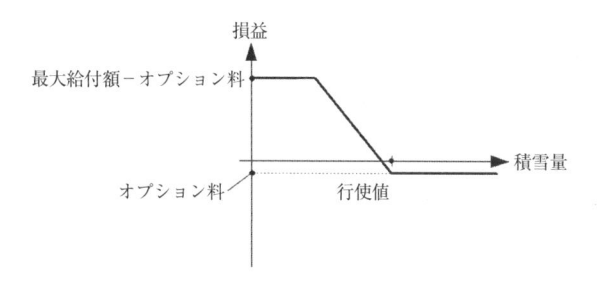

図-4.6.1　天候デリバティブ契約におけるスポーツ用品店の損益図

上記のように，オプション料を支払うことにより給付金受取りの権利を得る契約は，デリバティブの中でもオプションと呼ばれる形態です。オプションは，オプション料を支払うことにより損害を補填できるという観点からは，従来の損害保険と似ています。では，デリバティブと損害保険の違いはどこにあるのでしょうか？

最も大きな違いは，損害保険においては，損害が発生した際には損害を査定し，その程度に応じて保険金額が決まる点です。これに対してデリバティブでは，あらかじめ定められた客観的な指標値に応じて給付額が決まります。先程のスポーツ用品店の例では，積雪量が少ないことによる売上減少を査定するのではなく，観測された積雪量に応じて給付額が決めています。そのためデリバティブでは，迅速かつ公平に支払いを受けられるというメリットがあります。また，多くの損害保険では物理的な損害だけを査定および支払い対象にしているのに対して，デリバティブでは，売上減少など物理的でない損害にも備えられます。一方で，損害額とデリバティブの指標値は必ずしも1対1に対応していないので，実際の損害額に対して給付金の過不足が生じる可能性があります。スポーツ用品店の例では，積雪量に応じて支払われた給付額が，実際の売上減少に対して不充分である場合があります（反対に，給付金が多すぎて，結果的には高いオプション料を支払っていたという場合もあります）。このように，損害額と給付金が整合しないリスクをベーシス・リスクと呼びます。デリバティブの場合には，購入者

がベーシス・リスクを負うわけです。

4.6.2 地震デリバティブ

　地震にかかわる数値に応じて給付金を支払う地震デリバティブも販売されています。ここでは，定型オプションと呼ばれているデリバティブを考えてみます。

　この例では，日本国内に複数箇所の観測地域が設定されており，これらの各地域において発生した地震のマグニチュードを指標値としています。例えば，1年間に各地域内でマグニチュード7.0以上の地震が発生した場合に，100万円の給付金が支払われます。東京および札幌における観測地域を，それぞれ**図-4.6.2**および**図-4.6.3**に示します。オプション料は，**表-4.6.1**のように，各地域の地震活動に応じて決められています。マグニチュード7.0以上の地震の発生確率が高いほど，オプション料が高く設定されます。

　地震デリバティブ購入者の損益図を**図-4.6.4**に示します。各地域で事業を営む企業などは，オプション料を支払っておくことで，マグニチュード7.0以上の地震が起きた場合には，給付金によって損害を補填できます。前述の通り，デリバ

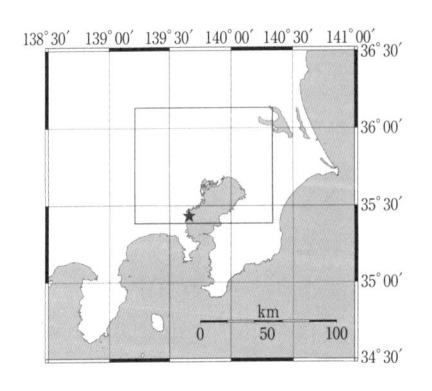

図-4.6.2　東京地区の観測地域（□内） 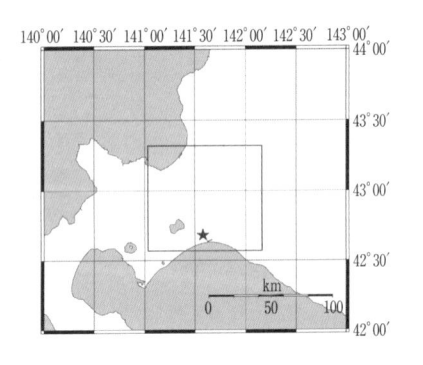　　図-4.6.3　札幌地区の観測地域（□内）

表-4.6.1　地震デリバティブのオプション料（100万円の給付金に対して）

東京地区	3万円
名古屋地区など	2万円
札幌地区など	1万円

4.6.2 地震デリバティブ

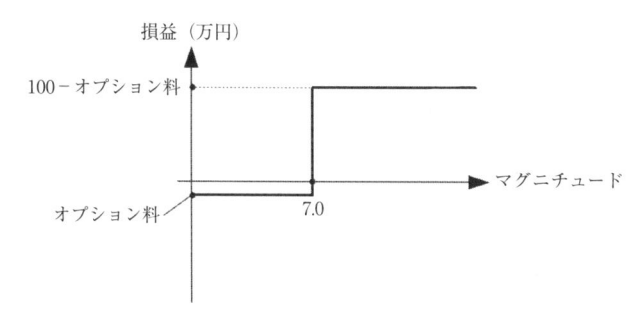

図-4.6.4　地震デリバティブ購入者の損益図

ティブの場合には損害を査定する必要がないので，素早く給付金を受け取れます。また，建物や設備などの物損だけではなく，事業中断による売上減少にも備えられます。その代わり，実際の損害額に対して給付金の過不足が生じるベーシス・リスクには注意が必要です。

　デリバティブの設計には，確率や統計を基礎とする金融工学が利用されます。その詳細については，文献1)～3)を参照してください。また，リスクを軽減したい企業などからのニーズに応じて，新しい商品が次々に開発・販売されています。

参考文献
1)　J. Hull（三菱銀行商品開発部 訳）：デリバティブ入門，きんざい（1999.4）
2)　土方薫：総論 天候デリバティブ，シグマベイスキャピタル（2003.1）
3)　天崎祐介・岡本均・椎原浩輔・新村直弘：天候デリバティブのすべて，東京電機大学出版局（2003.2）

4.7 健全性診断手法を用いた建物のリスクマネジメント

Key Word: 健全性診断　健全性指標　推定誤差　フラジリティ関数

建築物のリスクマネジメントを考える上で，建物の大地震時における損傷，経年による劣化などを監視し健全性を診断することは非常に重要な要素です。このような健全性の評価には，どのような手法があるのでしょうか。簡単な事例を通して考えてみましょう。

4.7.1 健全性診断とリスクマネジメント

建物の健全性の評価には，建物全体での損傷・劣化の有無を調べる場合から，ある部材のどこに亀裂があるかを調べる場合まで，さまざまなレベルがあります。現実的には，建物，層，部材，部材内の位置の順に段階的に絞り込むのが適切だと考えられ，それぞれのレベルによって用いる評価手法は異なってきます。

建物全体から部材までのレベルにおいては，主に建物の観測・測定結果を利用したシステム同定手法（建物の応答やその地動との関係などから建物の特性を推定する技術）を健全性診断に適用する研究が行われてきました。具体的には，地震観測や常時微動観測などの振動情報から，建物の固有振動数や各層や部材の剛性を同定し，初期の健全な状態からのそれらの変化率（低下率）を健全性の指標として用いるという方法です。

ここで，2つの大きな課題があります。

第1は，健全性の評価に用いる指標と実際の損傷・劣化状態とが1対1には対応しないということです。建物のある層の柱や梁などに損傷が起こると，層の剛性が低下すること（変形に対する抵抗力が弱まること）が知られていますが，例えば層の剛性を指標とした場合，1割の剛性低下は実際の建物ではどの程度の損傷・劣化に対応するかということは一概には言えません。それは，建物の被害形態はさまざまであり，同じ1割の剛性低下が生じても，大破・倒壊に近い場合も

あれば，主架構にはほとんど被害がない場合も考えられるからです。

第2は，推定された指標には観測誤差やモデル化誤差などに由来する推定誤差が必ず存在するということです。その推定誤差の大きさによって，指標の推定値の信頼性には大きな違いがありますので，当然そのことを健全性の評価をする際に考慮する必要があります。

これらの課題を考えると，建物の健全性の診断においては，指標や，指標と健全性との関係を確率論的にとらえた上で，建物のリスクとその変化を定量的に評価する枠組みを確立することが，とても重要であると言えます。

4.7.2 評価の流れ

建物の健全性診断のおおまかな流れを，例えば建物のどの層が損傷を受けているかどうかを診断する場合について示すと図-4.7.1のようになります。

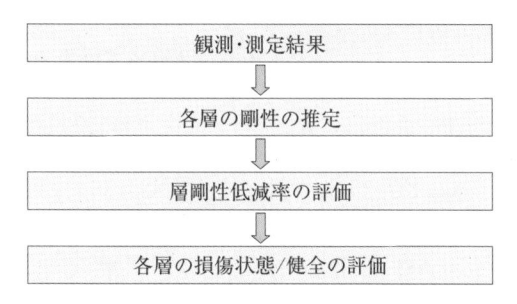

観測・測定結果
↓
各層の剛性の推定
↓
層剛性低減率の評価
↓
各層の損傷状態/健全の評価

図-4.7.1　健全性評価の流れ

まず建物の観測・測定結果，例えば建物に入力する地震動の加速度と各階の応答加速度などを収集します。それらのデータを用いてシステム同定手法により各層の剛性を推定します。つぎに，健全な状態あるいは初期状態において推定した層剛性を基準として各層の剛性低減率 ν_j を算定します（j は層の番号）。これが健全性の指標となるものです。ここでこれら層剛性やその低減率はすべて確率変数として扱われ，適切な分布を仮定して期待値 $E[\nu_j] = \mu_{v_j}$ と分散 $\mathrm{Var}[\nu_j] = \sigma_{v_j}^2$ が評価されます。最後にこの指標と実際の損傷/劣化状態とをフラジリティ関数 $P_f(\nu)$ によって対応付けます。フラジリティ関数は，指標（ここでは層剛性低減率）の値 ν に対して，あるレベルの損傷/劣化が起こっている確率を表したものです。またこれは，あるレベルの損傷/劣化が起きる層剛性低減率 ν_D の累積分布関数

$F_{\nu_D}(\nu)$（付録 A 参照）でもあります。このフラジリティ関数は，構造実験結果やシミュレーション解析などの工学的知見により別途与えられるものになります。すると，j 層にあるレベル（例えば中破など）の損傷が生じている確率は，

$$P_{D_j} = \mathrm{Prob}[\nu_j > \nu_D] \tag{1}$$

によって評価できます。

4.7.3 損傷/健全性評価の事例

　ここで事例を通して実際に損傷/健全性評価を行ってみましょう。簡単のため，2つの1層の建物 A と B について評価を行います。建物 A には高精度なセンサが設置されているのでかなり正確な剛性の推定が可能です。一方で建物 B には簡易型のセンサのみが設置されており，剛性の推定精度は A に比べるとかなり低くなります。建物竣工後の健全な状態で推定した両建物の剛性の推定値は A，B 共に1でした。ただし，推定誤差の大きさは両者で異なり，変動係数で A は 0.01，B は 0.1 とします。

　ある時，大地震が2つの建物を襲いました。地震後の2つの建物の剛性を推定すると，A は 0.87，B は 0.9 でした。推定誤差の大きさは今回も変動係数で A は 0.01，B は 0.1 です。すると損傷指標である剛性低減率の推定値は A，B それぞれ 0.13，0.1，推定誤差は変動係数で1次近似的にそれぞれ 0.095，1.28 となります。この時，両建物の剛性低減率の確率密度関数は，確率分布を正規分布と仮定すると図-4.7.2 のようになります。

　一方，損傷状態として大小2つのレベル（仮に「大破」，「小破」とします）を考えます。小破に対するフラジリティ関数は，平均 0.05，変動係数 0.8，大破に対するフラジリティ関数は，平均 0.2，変動係数 0.2 で，それぞれ正規分布で与えられるものとします。これを図示すると図-4.7.3 のようになります。

　この時，前節の方法で評価した各建物のそれぞれのレベルの損傷確率は表-4.7.1 のようになります。

　この結果を見ると，建物 A については小破以上の被害を受けていることはほぼ確実（97.2%）ですが，大破にはまず至っていないだろう（4.7%）ということが判断できます。一方，建物 B の方は，小破の被害さえ受けていない可能性もかなりあります（100 − 64.6 = 35.4%）が，大破以上の被害を被っている確率も

4.7.3 損傷/健全性評価の事例

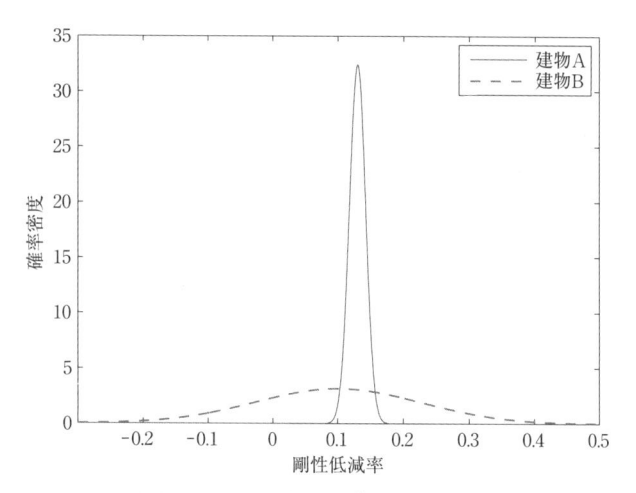

図-4.7.2 剛性低減率の確率分布

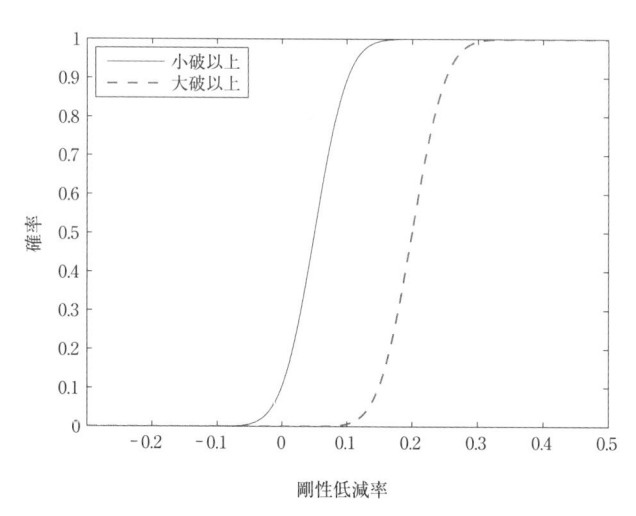

図-4.7.3 フラジリティ関数

表-4.7.1 各建物のレベル別損傷確率

	建物A	建物B
小破以上の被害を受けている確率 (%)	97	65
大破以上の被害を受けている確率 (%)	5	23

建物Aに比べ5倍近くある（22.7%）ということがわかります。要するに建物Bの方は建物Aに比べ，損傷状態があまりよく判定できないということです。

なお，図-4.7.2，4.7.3では剛性低減率に負の領域がありますが，これは剛性の推定値が誤差を含んでいるために，損傷した状態の方が剛性が高く評価される可能性があることに対応しています。

4.7.4 なぜ確率論的評価の考え方が必要か

4.7.3項の事例で，確率論的な健全性評価ではなく，確定的に評価した剛性低減率だけで損傷の判定を行っていたらどうなるでしょうか。この場合，剛性低減率のばらつきを考慮せず，小破・大破の判定もそれぞれの基準値（ここでは，フラジリティ関数の平均値）0.05，0.2を越えたか否かで評価されるため，判定結果は表-4.7.2のようになります。つまり，建物Aも建物Bも結果は同じです。

このように，確定論的な枠組みで行った判定には，センサや観測・評価の質がまったく反映されないばかりか，建物Bが大破しているというけっして少なくない可能性を見逃してしまうことになります。一方，確率論的な枠組みで行った評価では，指標の推定誤差と，指標と実際の損傷との対応関係の曖昧さとの両方を考慮しているため，リスクマネジメントに必要な客観的かつ定量的な判断材料を提示してくれます。

建物の損傷/劣化に対する監視/診断システムは，今後ますます採用が増加すると思われます。そこでは，確率論的な考え方によってばらつきを定量的に評価し，適切な意思決定を支援できる診断を行っていくことが，強く求められていると言えるでしょう。

表-4.7.2　確定論的な損傷判定

	建物A	建物B
小破以上の被害を受けている	Yes	Yes
大破以上の被害を受けている	No	No

?と！ その4
「交通事故みたいなもんだから」～確率の正しい使い方～

　リスクを最少にできる，費用対効果を最大にできる……，等々，確率を使うといろいろ良いこと，得なことがあります。ただ，世の中には「確率なんてまやかしだ」とか，「ごまかされているようだ」とか，「責任逃れの言い訳にすぎない」などと批判的なことを言う人が少なくないのも事実です。

　ちょっとした成り行き上のアクシデントのことを「交通事故みたいなもんだから……」といって慰めることがあります。本来は，交通事故だってまったく不可避なリスクではなく，安全運転に努めれば限りなく可能性を小さくできるものではありますが，「避けられないことだったのだからあきらめなさい，あなたの責任ではないですよ」というようなニュアンスで使われています。この表現を，確率を使って言い換えると，「あなたが今回被った災難はたいへん発生確率が低いもの（再現期間がきわめて長いもの）であり，このリスクに対する対策はそれほど重要と認識されていなかったのだからあきらめて泣き寝入りしなさい」ということになります。このような場合，被った被害が笑い事で済まされるような話であれば，ため息一つで終わるのかもしれませんが，人の命がかかわるようなことであればそうはいきません。むしろ，大きな憤りと怒りを与えてしまいます。これは，よく見られる間違った確率情報の使い方の一例です。確率がこんな使われ方をすると，確率はあてにならないと思われたり，漠然と悪いイメージを持たれたりします。

　確率はあくまでも「将来の出来事に対する意思決定のため道具」であり，将来予測されるさまざまなリスクに対するアクションのために極めて有益な情報です。事故や災害の発生の理由が確率にあるわけではありませんし，災害が発生したことを正当化するための道具でもありません。事故や災害の発生には，必ずその発生を減らす対策が存在します。不幸にも事故や災害が発生してしまったあとには，その発生原因を解明し，それに対する今後の対策について議論することが重要です。事故や災害が発生して

しまったあとには，確率はまったく無力なものなのです。

　でも，極めて発生が希な原因に多大なエネルギーを費やし，もっと発生確率が高いリスクを放置していたのでは愚の骨頂です。将来のリスク対策に費やすことのできる時間とお金と技術は限られていますし，複数のリスクにはあちらを立てればこちらが立たずといった相反するものが存在するのも事実です。将来の危険に備え，さまざまなリスクに対して広い視野からバランス良く効率的に対策を立てるためには確率的に表現されたリスク情報がきわめて有用です。このようなリスク情報に基づく意思決定は受け入れざるをえないリスクを覚悟するという冷酷な側面もあるかもしれません。でも，確率をよりどころにすることでリスク全体を合理的に低減できるのも事実です。確率という道具を正しく使い，賢い意思決定につなげてリスクとうまくつきあっていきましょう。

付録A ── 確率の基礎知識

A-1　確率の基本概念

（1）　事象と確率

試行と事象：さいころを投げてどの目が出るか，10円の硬貨を投げて裏がでるか表が出るかは，実際に投げてみないとわかりません。このように一定の条件のもとで，繰り返し起こる現象を観察したり，実験したりすることを**試行**（experimnt）といいます。試行によって起こる結果（標本点）は一般に多数ありますが，その起こることがらを**事象**（event）といいます。また，試行によって起こりえるすべての事象の集まりを**標本空間**（sample space）といいます。

確率：ある試行を繰り返し n 回行ったとき，事象 A が r 回起こったとします。今，試行の回数 n を増やしていき，相対度数 r/n が一定の値 p に近づくならば，事象 A の起こる確率を p と定義します。

（2）　事象間の関係

全事象（certain event）：標本空間自身で表される事象であり，S で表します。

和事象（union）：事象 E_1 と事象 E_2 の内少なくとも一つが起こるという事象は，事象 E_1 と事象 E_2 の和事象といい，$E_1 \cup E_2$ と書き，E_1 または E_2 あるいはその両方が起こることを意味します。すなわち，$E_1 \cup E_2$ は E_1 か E_2 のいずれかに属する標本点からなる部分集合です。

積事象（intersection）：事象 E_1 と事象 E_2 が同時に起こるという事象は，事象 E_1 と事象 E_2 の積事象といい，$E_1 \cap E_2$ と書きます。すなわち，$E_1 \cap E_2$ は E_1 か E_2 の両方に属する標本点からなる部分集合です。

余事象（complement）：事象 E_1 が起こらないという事象は，事象 E_1 の余事象といい，$\overline{E_1}$ と書きます。すなわち，$\overline{E_1}$ は E_1 に属しない標本点からなる部分集合です。

空事象（impossible event）：けっして起こらない事象であり，ϕ で表します。

排反事象（exclusive event）：ある事象が起こると，他の事象の発生が妨げられるとき，これら二つの事象は排反であるという。

　和事象，積事象および余事象は**図-A.1** に示します。

付録 A 確率の基礎知識

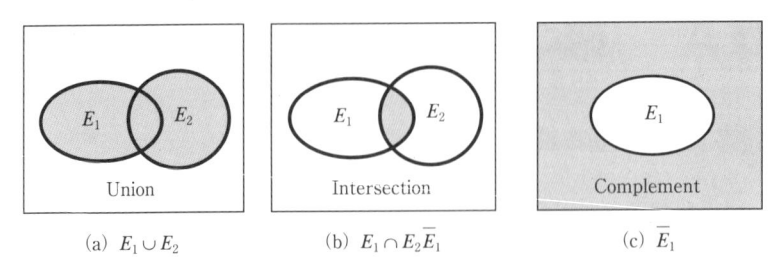

図-A.1 和事象，積事象および余事象

(a) $E_1 \cup E_2$　　(b) $E_1 \cap E_2$　　(c) $\overline{E_1}$

（3） 確率の公理

1．事象 A が起こる確率 $P(A)$ は 0 と 1 の間に限られます。すなわち $0 \leq P(E) \leq 1$
2．全事象 S が起こる確率 $P(S)$ は 1 で，空事象が起こる確率 $P(\phi)$ は 0 です。すなわち，$P(S)=1$，$P(\phi)=0$
3．加法性：排反事象 E_1 と E_2 の和事象の確率は事象 E_1 と E_2 とそれぞれの確率の和となります。すなわち，$P(E_1 \cup E_2) = P(E_1) + P(E_2)$

（4） 条件付確率

　ある事象が起こる確率が，別の事象が起こった（または起こらなかった）ことに依存する場合があります。このように他の事象への従属性がある確率は条件付確率（conditional probability）といいます。図-A.1(b)に示す標本空間において，事象 E_2 が生じた場合の事象 E_1 の条件付確率は $P(E_1|E_2)$ と書き，E_1 に含まれる標本点の一つが E_2 にも属すという前提のもとで実現することの起こりやすさを表しています。言い換えれば，E_2 を標本空間として，その中で事象 E_1 の起こりやすさを論ずることと同じです。したがって，事象 E_2 が生じたという条件の下での事象 E_1 が起こる条件付確率は次のように求められます。

$$P(E_1|E_2) = \frac{P(E_1 \cap E_2)}{P(E_2)} \tag{1}$$

独立性：ある事象が起こる（または起こらない）ことが他の事象が起こる確率に影響を及ぼさないとき，これら二つの事象は「統計的に独立（statistically independent）」であるといいます。したがって，事象 E_1 と E_2 が独立であれば，

$$P(E_1|E_2) = P(E_1) \quad \text{または} \quad P(E_2|E_1) = P(E_2) \tag{2}$$

となります。

乗法定理：(1)式により，積事象 $E_1 \cap E_2$ が起こる確率は次式で与えられます。

$$P(E_1 \cap E_2) = P(E_1|E_2)P(E_2) = P(E_2|E_1)P(E_1) \tag{3}$$

(3)式を乗法定理（multiplication rule）といいます。さらに事象 E_1 と E_2 が独立であれば，乗法定理が次のようになります。

$$P(E_1 \cap E_2) = P(E_1)P(E_2) \tag{4}$$

全確率の定理：ある事象 A が起こるとき，ほかの事象 E_i も起きていて，その影響を受けるとします。このとき，E_i は排反ですべてを尽くしているならば，

$$P(A) = \sum_i P(A \cap E_i) = \sum_i P(A|E_i)P(E_i) \tag{5}$$

と表すことができます。

全確率の概念は，**図-A.2** に示します。

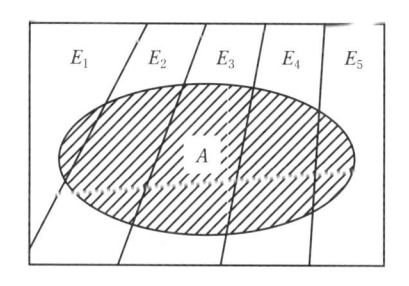

図-A.2　全確率の概念

A-2　確率変数と確率分布

確率変数：いかなる値を取るかわからないけれども，ある値または区間をとる確率が予測できる変数を確率変数（random variable）といいます。

累積分布関数：確率変数 X に対して，事象 $X \leq x$ となる確率は確率変数 X の累積分析関数 $F_X(x)$（CDF-cumulative distribution function）といいます。単に，分布関数ということもあます。

$$F_X(x) = P(X \leq x) \tag{6a}$$

累積分布関数を1から引いたものを補累積分布関数 $G_X(x)$ といいます。

$$G_X(x) = 1 - F_X(x) = P(X \geq x) \tag{7b}$$

確率分布：確率変数 X とそれに対応する確率 $P(X=r_i)$ との対応関係を確率分布（probability distribution）といいます。

離散確率変数の確率分布は**確率質量関数**（PMF-probability mass function）を用いて表し，連続確率変数の確率分布は**確率密度関数**（PDF-probability density function）によって表現します。

連続確率変数Xに対して，確率密度関数$f_X(x)$と累積分布関数$F_X(x)$の間に次の関係があります。

$$f_X(x) = \frac{dF_X(x)}{dx} \tag{7}$$

図-A.3に確率分布および累積分布関数の例を示します。

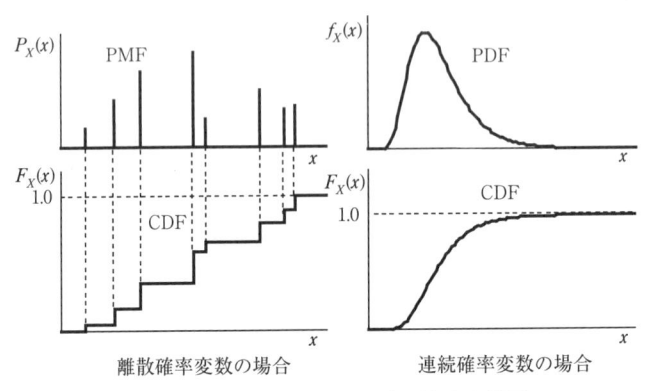

図-A.3 確率分布および累積分布関数

A-3 確率分布の特性値

（1） 平均値

平均値（mean）は，確率変数の確率密度関数による加重平均であり，確率変数の**期待値**ともいいます。連続確率変数の場合，平均値は次式で算定されます。

$$\mu_X = E(X) = \int_{-\infty}^{\infty} x f_X(x) dx \tag{8}$$

平均値は確率変数の代表値としてよく用いられ，図-A.4(a)に示すように，確率密度関数の重心位置を表しています。

確率変数の代表値に使われる量としては，他に**最頻値**と**中央値**があります。最頻値（mode）は，確率変数で最も出現しやすい値で，最大の確率または最大の確率密度を与える値です。中央値（median）は，確率変数がこの値以上・以下

になる確率が等しいものといいます。すなわち，確率変数がその中央値を超過する確率が50%です。確率変数がある値を超過しない確率がa%であれば，その値をa%非超過値と言います。平均値，最頻値と中央値の関係は**図-A.4(b)**に示しています。

（2） 分散と標準偏差

分散 $\mathrm{Var}(X)$ (variance) と**標準偏差** σ_X (standard deviation) は，確率変数が平均値のまわりにどの程度密集しているかを表す量で，確率変数のばらつきの尺度として用いられます。

$$\mathrm{Var}(X) = E(X-\mu_X)^2 = \int_{-\infty}^{\infty} (x-\mu_X)^2 f_X(x) dx \tag{9}$$

$$\sigma_X = \sqrt{\mathrm{Var}(X)} \tag{10}$$

図-A.5に示すように，標準偏差が大きくなると，確率変数が平均値のまわりに広くばらついていることがわかります。

（3） 変動係数

変動係数 (coefficient of variation : c.o.v.) は，代表値に対する相対的なばらつきの指標として，次式により定義されます。

$$V_X = \frac{\sigma_X}{\mu_X} \tag{11}$$

いうまでもなく，変動係数が大きいほど，確率変数のばらつきが大きくなります。

A-4 共分散と相関係数

共分散 (covariance) は確率変数 X, Y 間の線形的な関係の強さを表す量で，次式で定義されます。

$$\mathrm{Cov}(X,Y) = E\bigl[(X-\mu_X)(Y-\mu_Y)\bigr] = E(XY) - \mu_X \mu_Y \tag{12}$$

相関係数 (correlation coefficient) は標準化された共分散で，次式で定義されます。

(a) 平均値

(b) 平均値，最頻値と中央値

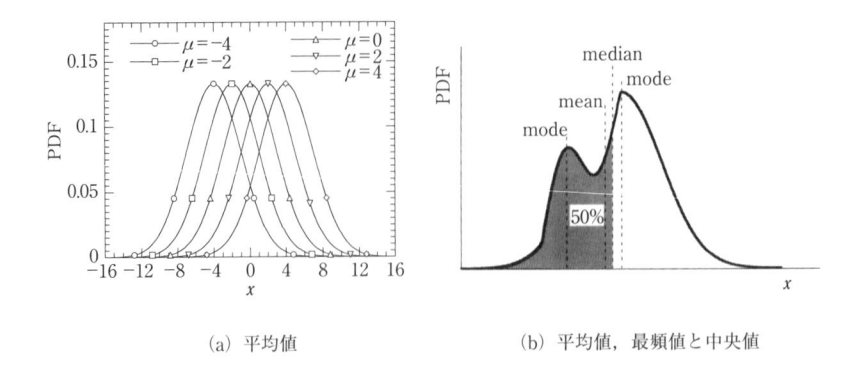

図-A.4　確率分布の代表値

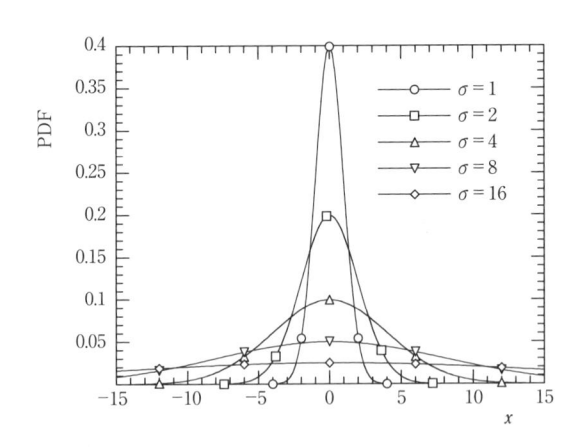

図-A.5　確率分布の標準偏差

$$\rho_{XY} = \frac{\mathrm{Cov}(X,Y)}{\sigma_X \sigma_Y} \tag{13}$$

ρ_{XY} は -1 と 1 の間の値をとります。$\rho_{XY} = \pm 1$ の場合，X と Y には**図-A.6(a)**と**A.6(b)**のような線形関係があります。一方 $\rho_{XY} \cong 0$ の場合には X と Y は**図-A.6(c)**のようにばらつき，ρ_{XY} が 0 から 1 の間の値をとる場合には，**図-A.6(d)**のようになります。

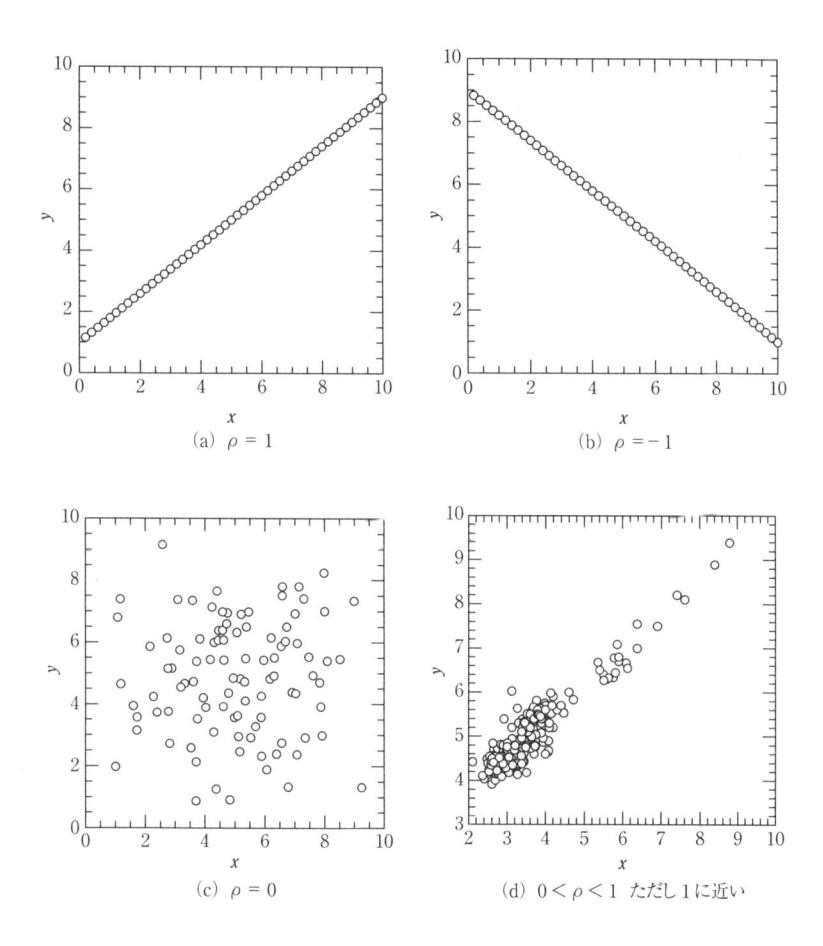

図-A.6　相関係数の意味

A-5　重要な確率分布

(1)　一様分布

図-A.7に示すように，確率変数Xがaとbとの間で，どの値も同様に確からしく（一様に）生起する場合，Xは**一様分布**（uniform または rectangular distribution）に従います。一様分布の確率密度関数，確率分布関数はそれぞれ(14)式，(15)式で表されます。

$$f_X(x) = \frac{1}{b-a} \qquad a \leq x \leq b \tag{14}$$

$$F_X(x) = \frac{x-a}{b-a} \qquad a \leq x \leq b \tag{15}$$

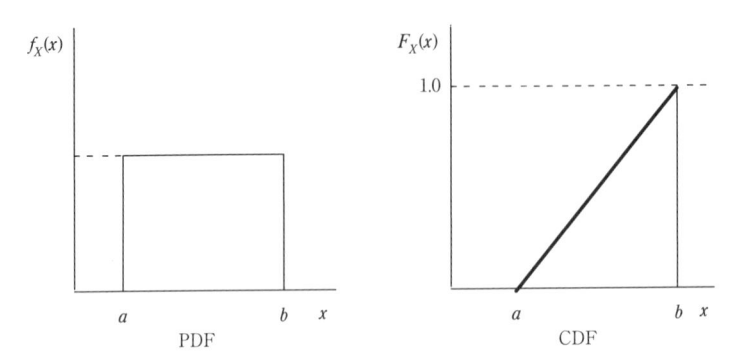

図-A.7 一様分布の密度関数と分布関数

一様分布の平均値と標準偏差は次式のように与えられます。

$$\mu_X = \frac{1}{2}(a+b) \tag{16}$$

$$\sigma_X = \frac{1}{12}(a-b)^2 \tag{17}$$

$a=0$, $b=1$ の時, 一様分布の標準形式は次のように与えられます。

$$f_X(x) = 1 \; ; \; 0 \leq x \leq 1 \tag{18}$$

$$F_X(x) = x \; ; \; 0 \leq x \leq 1 \tag{19}$$

(2) 正規分布

正規分布 (normal distribution) は, 最も広く知られ, かつ広く用いられる確率分布で, ガウス分布 (Gaussian distribution) とも呼ばれ, その確率密度関数は次式で表されます。

$$f_X(x) = \frac{1}{\sigma_X \sqrt{2\pi}} \exp\left[-\frac{1}{2}\left(\frac{x-\mu_X}{\sigma_X}\right)^2\right] \tag{20}$$

ここに, μ_X および σ_X は分布のパラメータで, それぞれ確率変数 X の平均値と標

準偏差です。

$\mu_X=0$, $\sigma_X=1$ の正規分布は，標準正規分布（standard normal distribution）と呼ばれます。**標準正規分布**は非常に広く応用されるので，標準正規確率変数に U, 累積分布関数に Φ（標準正規累積分布関数），確率密度関数に ϕ（標準正規確率密度関数）などと特別の記号を用いるのが普通です。ϕ と Φ は次式で与えられます。

$$\phi(u)=\frac{1}{\sqrt{2\pi}}\exp\left(-\frac{1}{2}u^2\right) \tag{21}$$

$$\Phi(u)=\int_{-\infty}^{u}\frac{1}{\sqrt{2\pi}}\exp\left(-\frac{1}{2}t^2\right)dt \tag{22}$$

標準正規確率変数 U と平均値 μ_X, 標準偏差 σ_X の正規確率変数 X との間には，次の関係があります。

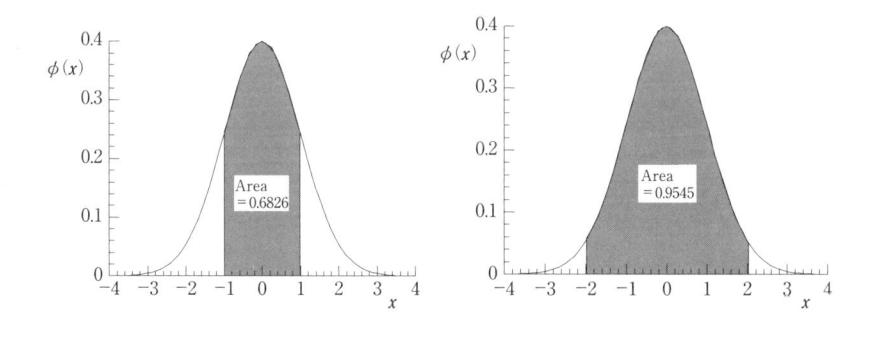

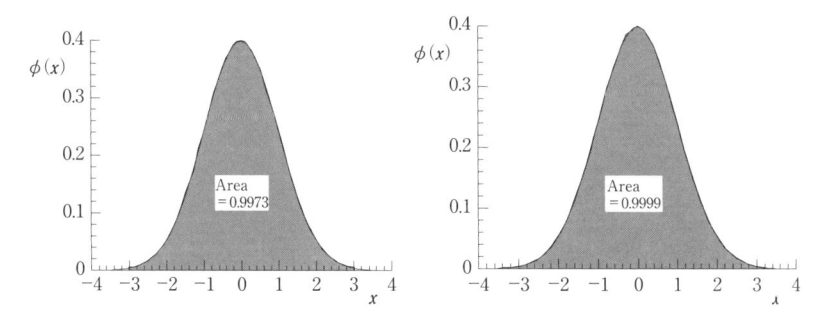

図-A.8　標準正規確率変数の密度関数

$$U = \frac{X - \mu_X}{\sigma_X} \tag{23a}$$

正規累積分布関数は標準正規累積分布関数を用いて

$$F_X(x) = \Phi\left(\frac{x - \mu_X}{\sigma_X}\right) \tag{23b}$$

と表すことができます。

標準正規確率密度関数のいくつかの状態を図-A.8に示します。平均値から標準偏差のある倍数だけ隔たった区間に対応する確率がいくらになるかが示されています。

（3） 対数正規分布

確率変数Xの自然対数$\ln X$が正規分布にしたがうとき，Xは**対数正規分布**に従うといいます。対数正規分布の確率密度関数は次式で表されます。

$$f_X(x) = \frac{1}{\sqrt{2\pi}\zeta x} \exp\left[-\frac{1}{2}\left(\frac{\ln x - \lambda}{\zeta}\right)^2\right] \quad 0 < x < \infty \tag{24}$$

ここに，$\lambda = E(\ln X) = \mu_{\ln X}$，$\zeta = \sqrt{\mathrm{Var}(\ln X)} = \sigma_{\ln X}$ はそれぞれ$\ln X$の平均値（Xの対数平均値）と標準偏差（Xの対数標準偏差）で，この分布のパラメータです。

パラメータλ，ζより，平均値と標準偏差は次のように求められます。

$$\mu_X = \exp\left(\lambda + \frac{1}{2}\zeta^2\right) \tag{25a}$$

$$\sigma_X = \mu\sqrt{\exp(\zeta^2) - 1} \tag{25b}$$

Xの平均値と標準偏差からλ，ζは次のように求められます。

$$\zeta^2 = \ln(1 + V_X^2) \tag{26a}$$

$$\lambda = \ln \mu - \frac{1}{2}\zeta^2 \tag{26b}$$

また，(26a)式より，変動係数が大きくない（0.3程度以下）場合は，対数標準偏差は変動係数にほぼ等しいことがわかります。

対数正規分布の密度関数を図-A.9に示します。

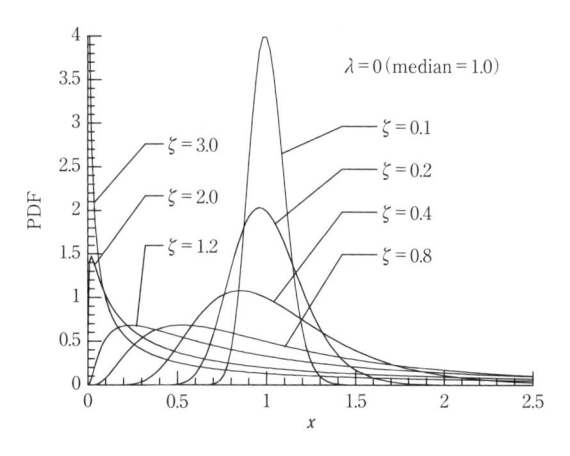

図-A.9　対数正規分布の密度関数

対数正規確率変数と標準正規確率変数の間には次の関係式が成立します。

$$U = \frac{\ln X - \lambda}{\zeta} \tag{27a}$$

(27a)式によって，対数正規累積分布関数は標準正規累積分布関数を用いて

$$F_X(x) = \Phi\left(\frac{\ln x - \lambda}{\zeta}\right) \tag{27b}$$

と表すことができます。

(4) ポアソン過程とポアソン分布

事象の時間的あるいは空間的発生の様子が，以下の仮定を満たす場合，事象の発生は**ポアソン過程**（Poisson process）でモデル化する方が妥当です。

① 事象はいかなる時刻または空間のいかなる場所でもランダムに発生し得る。

② 与えられた時間間隔または空間の広がりでの事象の発生はそれと重複しない他の任意の時間間隔または空間の広がりに対して独立である。

③ 微小時間間隔または空間の広がり Δt における事象の確率は Δt に比例し，Δt の間に事象が2回以上発生する確率は無視できる。

このとき，時間間隔あるいは空間の広がり t の間に事象が発生する回数は**ポアソ**

ン分布に従います．すなわち，時間間隔あるいは空間の広がり t における事象の発生回数を X とすると，

$$P(X=x)=\frac{\lambda^x}{x!}e^{-\lambda} \quad x=0,1,2,\cdots \tag{28}$$

ここに，$\lambda=vt$，v は平均発生率（mean occurrence rate），すなわち単位時間間隔あるいは空間の広がりあたりの平均発生回数です．

ポアソン分布の平均値と標準偏差は次式により与えられます．

$$\mu_X=\lambda, \ \sigma_X=\sqrt{\lambda} \tag{29}$$

ポアソン分布の確率質量関数を図-A.10に示します．

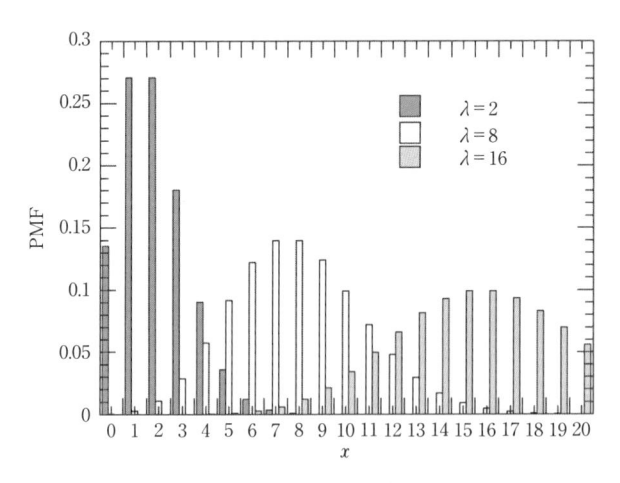

図-A.10　ポアソン分布の確率質量関数

A-6　極値分布

（1）　母集団分布から極値分布へ

確率的な記述に良く用いられる正規分布は，平均的な性質を把握することには優れていますが，3.2節で取り上げるような極値の性質を記述するには不向きであることが知られています．以下ではこのような極値の統計的性質を記述するための**極値分布**についてみていきましょう．図-A.11には，極値分布がどのようにして導かれるかが記述してあります．統計の分野ではサンプル抽出という手法が

良く用いられますが，これは母集団から何個かのサンプルを抽出したときにそのサンプルの確率的性質は元の母集団と変わらない，という性質に基づいています。例えば，もともと正規分布をするような母集団から抽出したサンプルも正規分布をしています（**図-A.11**の真中の列）。しかし，ここで問題にしたいのは極まれに起きる極大値ですので，もう一手間必要となります。ここで，各サンプルを1年間の観測データとしましょう。例えば毎日の積雪深の値です。すると，これらの各サンプルには最大値（年最大値）が存在しますので，n 年間の観測データから n 個の最大値を抽出することができます（**図-A.11** の右側）。この n 個のサンプルからなる統計量はもはや正規分布ではなく，つぎに示すグンベル分布となるのです。

　極値分布にはこの他に母集団の裾野の性質によって理論的な収束形としてフレッシェ分布とワイブル分布が存在します。

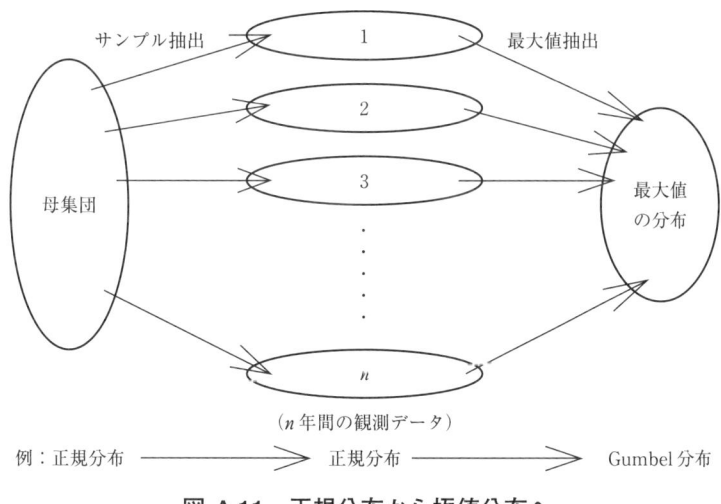

図-A.11　正規分布から極値分布へ

（2）　極値分布の確率分布関数

a.　グンベル分布

　グンベル分布の累積分布関数は，(30)式で示されます。

$$F_X(x) = \exp\{-\exp[-a(x-b)]\} \tag{30}$$

母集団の裾野が指数関数で表現されるときに，サンプル数を無限大とすればこの分布に収束することが1928年にFisherとTippettらによって証明されました。グンベル分布の密度関数を**図-A.12**に示します。

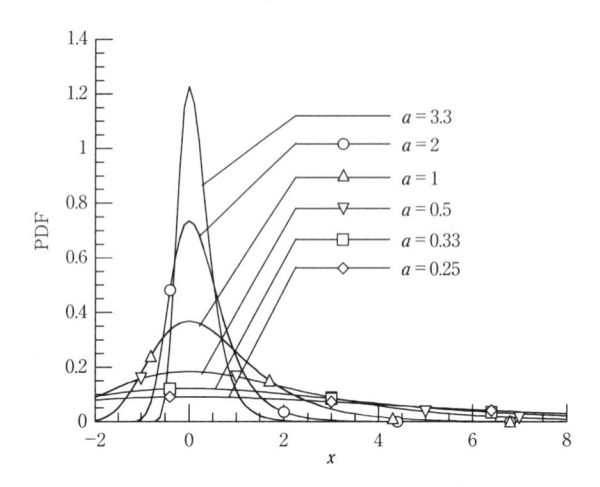

図-A.12 グンベル分布の密度関数

(30)式をxについて解けば，グンベル分布の再現期間rに対する値を具体的に求めることができます。

$$x(r) = b + \frac{1}{a}\left\{-\ln\left[-\ln\left(1-\frac{1}{r}\right)\right]\right\} \approx b + \frac{1}{a}\ln(r) \tag{31}$$

(31)式より，具体的な値を求めるためにはパラメータaとbを定める必要があることがわかります。グンベルの積率法によればグンベル分布のパラメータは次式のように定められます。

$$\hat{a} = \frac{\pi}{\sqrt{6}\hat{\sigma}_X} \tag{32a}$$

$$\hat{b} = \hat{\mu}_X - \frac{r}{\hat{a}} \tag{32b}$$

これらのパラメータが妥当なものであるかどうかは観測値をグンベル確率紙にプロットして直線状に分布するかどうかをみることで判定することができます。

b. フレッシェ分布

フレッシェ分布の累積分布関数は(33)式で示されます。

$$F_X(x) = \exp\left[-\left(\frac{\nu}{x-\varepsilon}\right)^k\right] \tag{33}$$

この分布は母集団の裾野がべき乗関数で表現されるときにその極値の収束形となることがわかっています。フレッシェ分布の密度関数を**図-A.13**に示します。

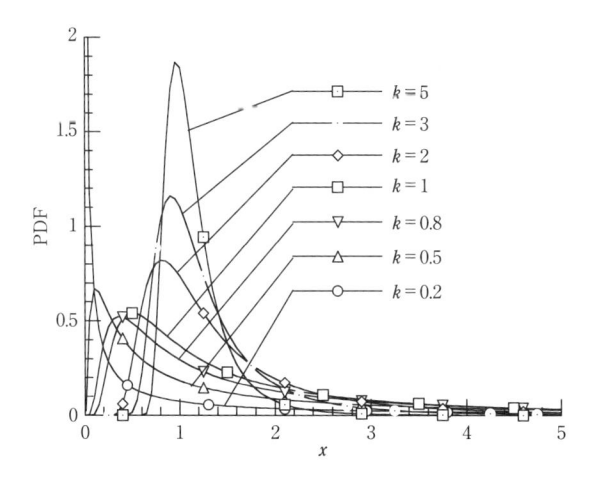

図-A.13 フレッシェ分布の密度関数

フレッシェ分布の平均値と標準偏差は次式より与えられます。

$$\mu_X = \nu\Gamma\left(1-\frac{1}{k}\right) \tag{34a}$$

$$\sigma_X^2 = \nu^2\left[\Gamma\left(1-\frac{2}{k}\right)-\Gamma^2\left(1-\frac{1}{k}\right)\right] \tag{34b}$$

ここに，Γはガンマ関数を表しています。

c. ワイブル分布

ワイブル分布の累積分布関数は(35)式で示されます。

$$F_X(x) = \exp\left[-\left(\frac{\varpi - x}{\varpi - \nu}\right)^k\right] \tag{35}$$

この分布は母集団が上限（最大値の時）または下限（最小値の時）を持つときにその極値の収束形となることがわかっています。ワイブル分布は元々材料強度の下限の分布を考察するために用いられ，その式の有用性から広く用いられています。ワイブル分布の密度関数を図-A.14に示します。

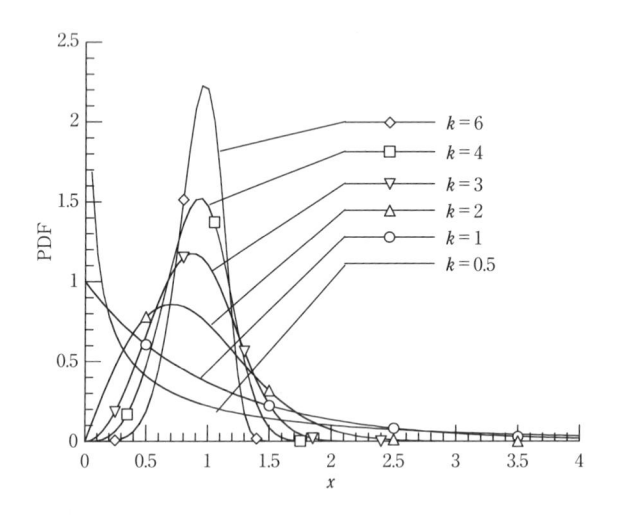

図-A.14　ワイブル分布の密度関数

ワイブル分布の平均値と標準偏差は次式より与えられます。

$$\mu_X = \nu \Gamma\left(1 + \frac{1}{k}\right) \tag{36a}$$

$$\sigma_X^2 = \nu^2 \left[\Gamma\left(1 + \frac{2}{k}\right) - \Gamma^2\left(1 + \frac{1}{k}\right)\right] \tag{36b}$$

付録 B ── 統計の基礎知識

B-1　サンプリング調査

　私たちは日頃なにげなくサンプリング調査に遭遇しています。最も卑近な例はテレビの視聴率でしょうか。この数字は全世帯でどのチャンネルを見ているのかを調べているわけではなく（地域によって違いますが）600世帯ほどの調査対象世帯に関する調査結果をもってその地域全世帯の視聴率とそれほど違わないという統計学的な裏付けに基づいています。コンクリートの圧縮強度や鉄筋の引張強度などもサンプリング調査により求められ，その母集団の性質を表しているとみなしているのです。

　次節以降ではこのサンプリング調査で得られた結果の評価について見ていきましょう。

B-2　標本平均と標本分散・不偏分散

　n 個のサンプル x_1, x_2, …, x_n が得られたとき，その**標本平均**は，

$$\bar{x} = \frac{1}{n}\sum_{i=1}^{n} x_i \tag{1}$$

で与えられます。この値は母集団の平均値 μ に対する不偏推定量であることがわかっています。ちなみに，この計算法は相加平均または算術平均とも呼ばれます。この他に相乗平均，調和平均という計算法もありますが，普通に平均値といった場合には相加平均と考えて構いません。平均値だけではサンプルの性質を表すのには不十分で，そのばらつきがどの程度あるのかを推定する必要がある場合が多々あります。

　その指標を分散と呼び，上と同じ n 個のサンプルの**標本分散**は

$$s^2 = \frac{1}{n}\sum_{i=1}^{n}(x_i - \bar{x})^2 \tag{2}$$

で与えられます。ところが，この値は母集団の分散に対する不偏推定量（偏りのない推定値）にはなっていません（この場合は小さくなってしまっています）。証明は他書に譲りますが，平均値 $\bar{x}$ を推定する段階で自由度が一つ減っているので，s^2 の期待値

$$E(s^2) = \frac{n-1}{n}\sigma^2 \qquad (3)$$

なる関係が成り立っているのです（期待値については確率の項参照）。したがって，n 個のサンプルから母集団の分散を推定する式は

$$\sigma^2 = \frac{1}{n-1}\sum_{i=1}^{n}(x_i - \bar{x})^2 \qquad (4)$$

で与えられ，**不偏分散**と呼ばれています。またこの平方根 σ を**不偏標準偏差**と呼び，ともにばらつきを表す尺度として良く用いられています。実社会では不偏標準偏差の方が元の統計量と同じ次元をもっているので良く用いられているようです。

B-3　サンプルの信頼性

それではサンプルはいくつ集めれば信頼性のあるデータと呼ぶことができるのでしょうか。それの理解のためには以下の例をながめてみるのがわかりやすいと思います。

（1）ベルヌーイ試行と大数の法則

確率の教科書で良く用いられるコイン投げの試行を実際に試してみると，5, 6回程度試しても必ずしも1/2の確率で表が出るわけではありません。しかし，これを多数回繰り返すと，その確率は1/2に収束していきます。図-B.1はコン

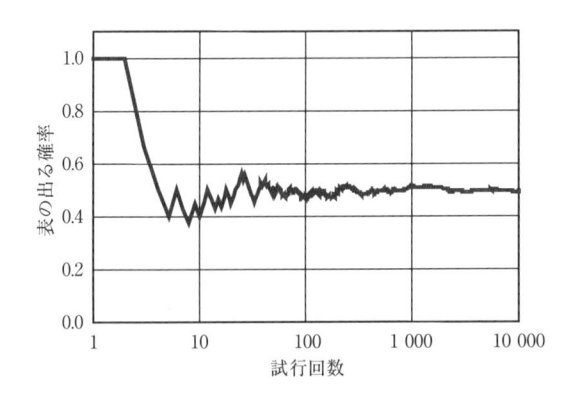

図-B.1　コイン投げで表の出る確率のシミュレーション

ピュータで乱数を発生させて同様の試行を繰り返した例ですが，試行を繰り返すに従って値が安定していっていることがわかるでしょう。このように各回の事象が独立でかつ発生確率が一定であるような試行のことをベルヌーイ試行と呼び，多数回繰り返すとその経験的確率が理論確率（この例では1/2）に収束していくことを大数の法則と呼びます。

(2) 試行の平均値と中心極限定理

いろいろな統計データを取り扱う際に，その平均値がどのような性質を持っているのかを理解しておくのは非常に有用です。じつは母集団の分布がどのようなものであろうとも多数個の平均を取るとその分布形は正規分布に収束することが知られていて中心極限定理と呼ばれています。

図-B.2は (0, 1) の一様分布を母集団とし，2個，3個，12個の平均を取った例です。前項の大数の法則より，10 000サンプル取ると分布形が安定することがわかります。さらに，2個，3個，12個と，平均を取る個数を増やすと平均値のばらつきが減っていく様子が見えます。中心極限といわれるゆえんです。

母集団が平均値 μ，標準偏差 σ であるとき，それらの n 個の平均値は，n が十分に大きければ，平均値 μ，標準偏差 $\sigma/\sqrt{n}$ の正規分布に収束することが知ら

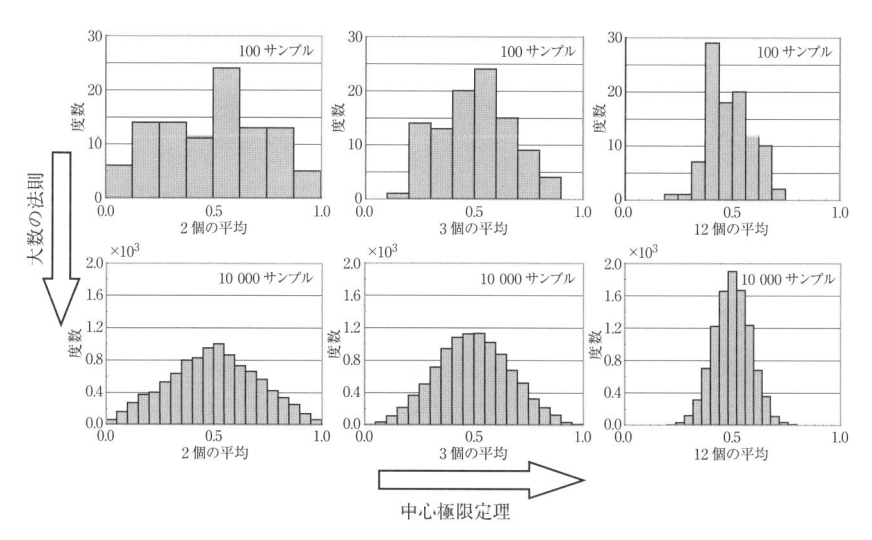

図-B.2 一様分布を母集団とする平均値の正規分布への収束状況

れています。ですから，コンピュータでシミュレーションを行う場合は十分に多数回の試行を行うことで誤差を減らすことができます。

（3） 区間推定

前節より，サンプル数 n が十分に大きいとき，母集団の形がわからなくても，標本平均 $\bar{X}$ は平均値 μ，標準偏差 $\sigma/\sqrt{n}$ の正規分布に収束するので，統計量

$$Y = \frac{\bar{X} - \mu}{\sigma/\sqrt{n}} \tag{5}$$

は平均値 0，標準偏差 1 の標準正規分布に従います。標準正規分布表などから，例えば ± 1.96 の範囲に 95% の値が含まれることがわかりますので，母集団の平均値を信頼度 95% で推定しようとした場合，現実の標本平均を $\bar{x}$ として

$$\bar{x} - 1.96 \frac{\sigma}{\sqrt{n}} \leq \mu \leq \bar{x} + 1.96 \frac{\sigma}{\sqrt{n}} \tag{6}$$

の範囲が信頼区間ということになります。信頼度が 90% ならば 1.64，99% ならば 2.58 を用いればよいことになります。ただし，母集団の分布形は未知なので，安全側を取って 95% で 2，99% で 3 が用いられることが多いようです。

索　引

■あ行

意思決定　5, 21, 31
一様分布　137
イベントツリー　74

FN 曲線　17

オプション　121

■か行

確定論的手法　3
確率紙　54
確率質量関数　134
確率分布　133
確率変数　133
確率密度関数　134

基準期間　51
既存不適格　5, 100
期待値　134
共分散　135
供用期間　51
極値分布　142

空事象　131
区間推定　150
グンベル分布　143

限界状態超過確率　48
建築基準法　3

■さ行

再現期間　51
最頻値　134
サンプリング調査　147

試行　131
事象　131
地震動予測地図　22, 62
地震ハザード曲線　65
地震ハザードマップ　64
地震 PSA　74
地震リスク　25
重要度係数　45
条件付確率　132
乗法定理　133
信頼性指標　50

推定誤差　125

正規分布　138
性能水準　45
性能設計　45
性能マトリクス　47, 107
積事象　131
全確率の定理　133
全事象　131
戦略　14, 110

相関係数　135
損失の期待値　29

■た行

耐震改修　100
耐震強度　4, 113
耐震グレード　117
耐震等級　45
対数正規分布　140
大数の法則　41, 149

中央値　134
中心極限定理　149
直列システム　83

デュー・デリジェンス　25

独立性　132

■は行

排反事象　131
ハザードマップ　21
発症リスク　78

PML　25
被害率曲線　68
標準正規分布　139
標準偏差　135
費用対効果　5, 111
標本空間　131
標本分散　147
標本平均　147

複合システム　84
不偏標準偏差　148
不偏分散　148
フラジリティ関数　125
フレッシェ分布　145
分散　135

平均値　134
並列システム　84
ベーシス・リスク　121
便益　5
偏差値　11
変動係数　135

ポアソン過程　141
ポアソン分布　142
保険料　38

■や, わ, ら行

余事象　131

利益の期待値　32
リスク　2, 6
リスク曲線　28
リスクコミュニケーション　92, 95, 96
リスクコントロール　92
リスク情報　21
リスク対応　92
リスク特定　91
リスク認知　92
リスクの回避　92
リスクの軽減　92
リスクの視点　5
リスクの転移　93
リスクの保有　93
リスク評価　91
リスクファイナンス　93, 120
リスク・プレミアム　39
リスク分析　91
リスクマネジメント　7, 90

累積分布関数　133

ワイブル分布　146
和事象　131

事例に学ぶ
建築リスク入門

定価はカバーに表示してあります。

2007年8月10日　1版1刷発行	ISBN 978-4-7655-2504-6 C3052
2009年8月20日　1版2刷発行	

編　者　社団法人　日本建築学会
発行者　長　　　　滋　彦
発行所　技報堂出版株式会社

〒101-0051　東京都千代田区神田神保町1-2-5
　　　　　　　　　　　　　　（和栗ハトヤビル）

日本書籍出版協会会員
自然科学書協会会員
工学書協会会員
土木・建築書協会会員

電　話　営　業　(03) (5217) 0885
　　　　　編　集　(03) (5217) 0881
　　　　　F A X　(03) (5217) 0886
振替口座　00140-4-10
http://www.gihodoshuppan.co.jp/

Printed in Japan

©Architectual Institute of Japan, 2007　　イラスト　柳田早映　装幀　浜田充了　印刷・製本　愛甲社

落丁・乱丁はお取り替えいたします。
本書の無断複写は、著作権法上での例外を除き、禁じられています。